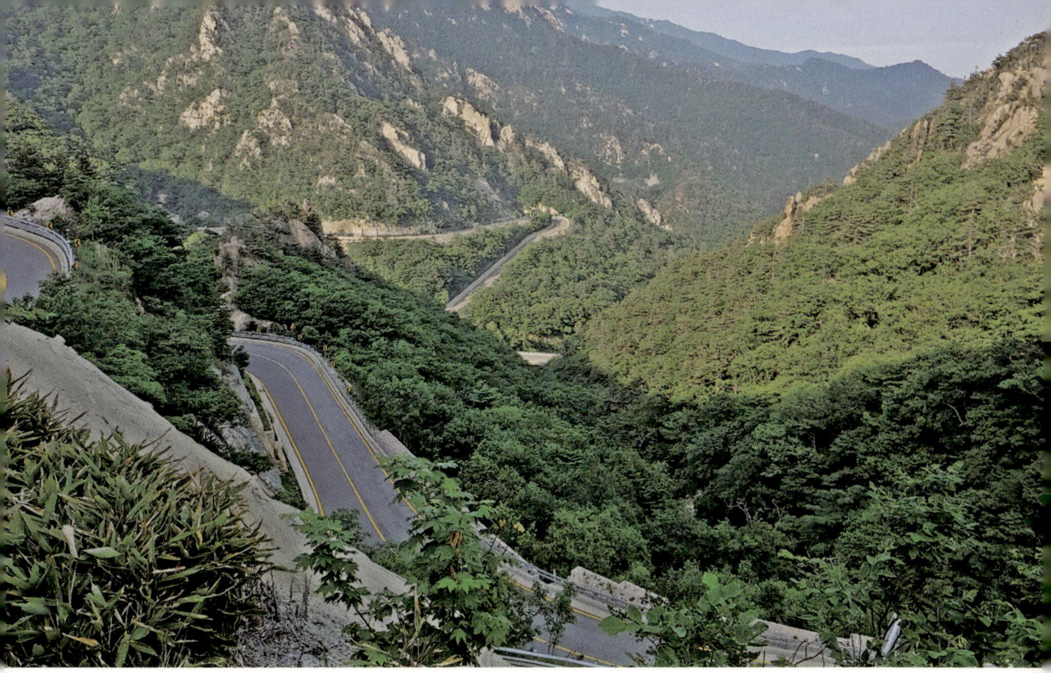

백두대간 1,481km를 자전거로 넘다

백두대간 자전거 여행

글 · 사진 정성문

글로벌마인드
GlobalMind

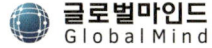

백두대간 자전거 여행

백두대간 1,481km를 자전거로 넘다

글 · 사진 정성문

올라가면서 … 8

제1구간 · 백두대간 최고의 라이딩 코스 … 17
진부령 - 미시령 - 한계령

제2구간 · 나도 이제 백두대간 종주 라이더 … 43
조침령 - 구룡령 - 운두령

제3구간 · 운무 자욱한 하늘 아래 가장 높은 마을 … 63
진고개 - 싸리재 - 대관령 - 안반데기 - 닭목령

제4구간 · 자병산의 눈물 … 83
삽당령 - 버들고개 - 갈고개 - 백복령

제5구간 · 자동차로 오를 수 있는 가장 높은 곳을 자전거로 오르다 … 99
댓재 - 건의령 - 삼수령 - 화방재 - 만항재 - 두문동재

제6구간 · 퍼펙트게임이 깨지다! … 119
내리고개 - 우구치 - 도래기재 - 주실령 - 마구령

제7구간 · 전설의 고향 … 143
죽령 - 빗재 - 벌재 - 여우목고개

제8구간 · 우리나라 최초의 고속도로 … 161
하늘재 - 지릅재 - 소조령 - 이화령

제9구간 · 조조, 관우를 만나다 … 183
버리미기재 - 늘재 - 밤티재 - 활목재 - 장고개 - 비조령 - 화령

제10구간 · 백두대간의 일곱 난쟁이 … 203
신의터재(신의티) - 지기재 - 개머리재 - 큰재 - 옥계고개 - 작점고개 - 괘방령

제11구간 · 신라와 백제의 땅에서 … 219
괘방령 - 우두령 - 마산령 - 안간재 - 부항령

제12구간 · 자전거는 스스로 굴러가지 않는다 … 233
덕산재 - 오두재 - 빼재

제13구간·인생은 '플랜 B' … 249
육십령 - 무룡고개 - 복성이재

제14구간·마음이라는 가장 높고 험한 산 … 263
정령치 - 성삼재 - 오도재 - 지안재

내려오면서 … 288

2019 백두대간 종주 라이딩 결산 … 292

백두대간 종주 구간별 특징 및 코스 … 294

백두대간 종주 라이딩 유의사항 … 316

일러두기

본문에서는 백두대간 고갯길들의 업힐 난이도를 비교하기 위해 라이더들에게 잘 알려진 미시령 서사면(西斜面, 인제 ➡ 속초)과 이화령 서사면(괴산 ➡ 문경)을 비교 대상으로 자주 언급하였다. 미시령 서사면은 출발지점인 도적소 교차로 부근에서 정상까지 약 3.5km로서 백두대간 고갯길 가운데는 짧은 편이지만 평균 경사가 8%를 넘는 급경사로다. 반면 이화령 서사면은 출발지점인 행촌사거리에서 정상까지 약 5.2km로서 짧지 않은 편이지만 평균 경사는 6%에 미치지 못한다.

좋은 사이클링코스를
위하여!

올라가면서

"자전거를 타고 백두대간을 종주한다고?"

처음 라이딩을 시작하고 깜짝 놀란 건 인천에서 부산까지 또는 그 반대의 633km를 자전거로 달리는 사람들이 있다는 거였다.

그런데 이보다 더욱 놀라운 일은 설악산에서 지리산까지 이어진(한반도 이남의) 백두대간을 자전거로 오르내리며 종주하는 사람들이 있다는 사실이었다.

'세상에 그런 철인들도 있다는 말인가!' 하고는 싶었으나 도무지 엄두가 나질 않았다. 걸어서 백두대간을 종주하는 일도 대단한데 자전거를 타고 백두대간을 종주한다니… 도대체 어떻게 해야 백두대간을 자전거로 넘을 수 있을까?

백두대간을 종주하기 위해서는 우선 백두대간을 통과하는 수많은 고개부터 알아둬야 했다. 그런데 고개 이름만 외운다고 되는 게 아니고, 백두대간을 종주하려면 고개와 고개가 어떻게 이어지는지 정확히 알아야 했기에 인터넷에서 정보를 얻기도 하고 관련 도서도 여러 권 사서 읽었다. 하지만 백두대간 종주 코스가 출퇴근길처럼 한눈에 쏙 들어올 리가 없었다.

더구나 필자는 2018년에 지리산 정령치(1,172m)에서 내려오다가 무릎을 심하게 다친 후 경사가 심한 고갯길에 강한 트라우마가 있었다.

지리산 중턱에서 심각하게 부상을 당하고도 피를 철철 흘리며 제 발로 걸어 들어온 나의 상태를 보더니 시골 병원 응급실 당직의는 기가 차다는 듯 "자전거 타다가 다친 사람 숱하게 봤어도 이렇게 큰 상처는 처음"이라며 "당장 꿰맬 수도 없으니 큰 병원으로 가 보라"고 권했다.

"저 아래 하얗게 보이는 거 있죠? 그게 선생님 뼈예요."

상처 부위를 소독하던 의사는 오백 원짜리 동전 정도 크기의 구멍이 뚫린 내 오른쪽 무릎을 가리키며 말했다.

다행히 허벅지 살을 떼어내 상처 부위를 덮고 나서 회복되어 다시 자전거에 올랐으나 자전거로 백두대간에 도전한다고 했을 때 주변의 반응은 한마디로 "턱없는 소리 말라"는 거였다.

백두산에서 뻗어 나와 지리산까지 한 번도 끊어지지 않고 1,400km

나 이어진 큰 산줄기를 백두대간이라고 한다. 한반도 이남으로 국한하면 설악산에서 오대산·태백산·소백산·속리산·덕유산·지리산까지 약 684km에 걸쳐 이어져 있으며, 도(道)로는 강원도·경상북도·충청북도·전라북도·전라남도·경상남도 등 6개 도를 넘나들며 국토를 동서로 가른다.

우리 고유의 지리 인식 체계인 백두대간은 지질구조에 기초한 근대 지리학과 달리 생활 밀착형 인문지리의 산물이다. 우리는 예로부터 백두대간을 따라 자연스럽게 행정구역을 구분했다. 백두대간은 심지어 신라·백제·고구려 삼국의 국경이기도 했다. 따라서 백두대간을 이해하지 못하면 경상도·전라도·충청도의 경계가 왜 지금처럼 그어졌는지 알 수가 없다. 하지만 민족 고유의 지리 인식 체계인 백두대간은 일제 강점기에 들어 근대 지리학이 들어오면서 우리에게서 잊혔다.

백두대간이 세상에서 다시 주목을 받게 된 건 그리 오래되지 않았다. 1980년 이우형이라는 고지도 연구가가 우연히 인사동의 어느 고서점에서 20세기 초에 활자본으로 간행된 산경표(山經表)를 발견하면서부터다. 산경표는 조선 영조 때 신경준(1712~1781)이 편찬했다고 알려진 조선의 산맥 체계를 도표로 정리한 책으로 흔히 '산의 족보'라고 일컫는다.

산자분수령(山自分水嶺), 즉 "산은 물길을 나누는 고개"라는 말이다. 백두산부터 지리산까지 한 번도 끊어지지 않고 이어졌다는 백두대간은 산자분수령이라는 자연의 대원칙을 증명하는 길이었다. 많은 산악인이 이를 증명하고자 설악산에서 지리산까지 종주한 결과 과연 그러하였다.

이후 전통적인 지리 인식 체계인 백두대간이 많은 주목을 받으면서 이제 걸어서 백두대간을 종주하는 일은 흔하며 언제부턴가 자전거를 타고 백두대간을 종주하는 사람들도 생겨났다.

일반적으로 말하는 '산악종주'는 능선을 타고 걸어서 산줄기를 종단 혹은 횡단하는 것을 말한다. 그런데 자전거를 타고는 이런 식으로 백두대간을 종주할 수 없다. 자전거를 타고 백두대간을 종주한다고 함은 고개를 오르내리며 주변을 끼고 돌아 백두대간을 종단하는 것을 말한다. 따라서 필연적으로 종주 거리가 일반적인 종주와 비교해서 길다.

백두대간은 남한 지역에서 약 684km나 뻗어있으나 자전거를 이용해 백두대간을 종주할 경우 그 거리는 두 배 이상 증가한다. 백두산부터 지리산까지의 백두대간 총연장과 맞먹는 것이다.

나에게 백두대간 자전거 종주의 기회는 우연히 찾아왔다. 2019년 4월 말 양양 조침령과 홍천 구룡령에 올랐다가 내친김에 산줄기를 타고 평창 운두령까지 이어 달린 것이다. 이렇게 해서 강원도 고성 진부령에서 경상남도 함양 지안재까지 백두대간을 동서로 혹은 남북으로 통과하는 62개의 고개를 넘게 되었다.

'1,300만 라이더 시대'라고 해도 자동차로도 어려운 높고 험준한 백두대간의 고갯길을 자전거를 타고 넘는 라이더는 흔치 않다. 하고 싶은 사람은 많으나 실천에 옮기질 못하는 까닭이다. 그런 백두대간을 철마(鐵馬)로 넘었으니 필자는 대단한 라이더인가? 그렇지 않다.

필자의 라이딩 경력은 보잘것없이 짧다. 웬만한 라이더라면 훈장처럼 달고 있는 국토 종주 메달은커녕 한강·금강·영산강·낙동강의 4대강 종주 경험조차 없다. 2016년 광복절 연휴를 맞아 자전거를 사서 한 달 만에 설악산 미시령에 오른 것이 필자의 첫 업힐 도전이었다.

그날 경사가 세긴 해도 3.5km의 백두대간 고갯길 가운데는 짧은 편인 미시령 서사면(西斜面)에 오르면서 필자는 몇 번이고 지옥을 경험했다. 이후 '산 맛'을 안 필자는 남들은 강물을 따라 자전거를 탈 때 산에 오르게 되었다.

이 책은 2019년 4월 말부터 11월 초까지 약 6개월 동안 주로 주말을 이용해 틈틈이 자전거를 타고 백두대간의 고갯길을 넘은 기록이다. 필자가 초심자인 만큼 종주에 꼭 필요한 고개 위주로 넘었으며 코스를 기록하였다.

에베레스트에 최초로 올랐다는 에드먼드 힐러리보다 29년이나 앞서 에베레스트 등정에 나섰다가 실종된 조지 맬러리(1886~1924)는 "왜 에베레스트에 오르느냐?"는 질문에 "그곳에 산이 있기 때문(Because It's there)"이라고 간단명료하게 대답했다. 오늘날 인구에 널리 회자 되는 말이지만 실은 산에 오르는 뚜렷한 이유가 되진 못한다. 인간에게 등정을 허락하려 산이 존재하는 건 아닐 것이다.

만약 누군가 필자에게 "왜 힘들여 자전거를 타고 산에 오르느냐?"고 묻는다면 이렇게 대답하겠다.

"산에 오르는 과정이 정직하기 때문"이라고.

도보 등반과 달리 업힐 라이딩은 누구로부터의 도움도 받을 수 없다. 오직 내 심장과 다리의 힘만으로 오르는 것이다. 무척 고통스럽지만 그런 만큼 정상에서 느끼는 희열은 그 무엇과도 비교할 수 없을 만큼 크다.

인생을 살아가면서 단 한 순간만이라도 순수하고 정직한 적이 있었던가? 그 순간을 얻고 싶다면 자전거를 타고 백두대간으로 가 보자!

한계령 구절양장

백두대간 최고의 라이딩 코스

▶▶▶ 제1구간 : 진부령-미시령-한계령

▶▶▶ 제1구간 : 진부령▶미시령▶한계령

입동(立冬)이 지난 긴 국도의 끝은 짙은 어둠이다.

나더러 백두대간 종주 라이딩 코스 가운데 최고의 구간을 꼽으라면 서슴지 않고 인제 – 고성 – 속초 – 양양의 4개 시군에 뿌리를 뻗고 있는 진부령 – 미시령 – 한계령 구간을 들겠다.

이 구간은 산과 바다와 온천을 끼고 있는 유명 관광지로서 풍광이 수려할 뿐만 아니라 숙식시설이 훌륭하고 교통이 편리해 전국 어디에서나 접근성이 좋다. 개인적으로 무척 선호하는 구간인 만큼 단편적으로는 그동안 여러 차례 다녀온 적이 있다. 하지만 진부령 – 미시령 – 한계령을 이어서 종주한 적은 없다.

이 구간의 종주 코스는 다양하다. 먼저 인제에서 출발하면 진부령을 지나 고성에서 속초까지 바닷길을 달리게 되며 백두대간의 수많은 고갯길 가운데에서도 험한 편인 미시령을 넘어 다시 인제에 진입한 후 한계령에 올라 양양에서 마무리하게 된다.

백두대간을 남진(南進) 시 이것이 정석이지만 고성에서 출발해서 진부령과 미시령 그리고 한계령을 완전히 역방향으로 종주할 수도 있고 북진(北進) 시에는 양양에서 출발할 수도 있다. 어디에서 시작하든 공통점은 산과 바다와 온천을 두루 즐길 수 있다는 사실이다.

진부령은 해발고도가 520m에 불과하고 인제와 고성 어느 쪽에서 오르든 경사가 세지 않다. 그러나 한반도 남부로 국한할 때 백두대간 라이딩을 출발하거나 마치는 고개로서 예로부터 미시령·한계령과 더불어 영동과 영서를 이어주는 관문이기도 하다. 인제를 출발해 남사면(南斜面)을 넘을 때 진부령 시작점은 46번 국도에서 56번 지방도가

진부령 표지석

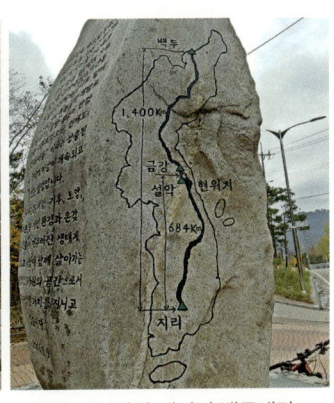
진부령 표지석에 새겨진 백두대간

진부령 반달곰 조각상   진부령 미술관

갈리는 지점이다. 46번 국도를 따라가면 진부령을 넘어 고성까지 달리게 되며 56번 도로는 미시령 넘어 속초로 이어진다.

진부령 시작 지점에는 시원한 물줄기가 쏟아지는 높이 82m의 매바위 인공폭포가 있는데 천연절벽에 폭포를 설치한 것이다. 겨울에 이곳은 빙벽 타기로 유명한 장소다. 이곳부터 진부령 정상까지는 완만한 경사로서 약 5.7km이며 21분 걸려 올랐다. 5.7km를 21분 만에 올랐으니 중간중간에 조금 가파름이 느껴지는 구간이 있긴 해도 전체적으로는 거의 평길 수준이라고 해도 틀린 말은 아니다.

진부령 정상은 여느 백두대간 고개 정상과는 다른 풍경이다. 군부대도 있으며 미술관도 있다. 그동안 세 차례나 진부령 정상에 올랐으면서도 번번이 시간 관계상 미술관은 들리지 못했는데 이번엔 오전 10시 조금 지나 정상에 섰으니 시간에 여유가 많은 편이라 미술관을 관람하기로 했다.

매바위 인공폭포

산꼭대기의 미술관이라니, 어울리지 않는 듯하다. 미술관은 도심에 있어 접근성이 좋아야 하는 게 일반 상식일 것이다. 하지만 한편으로 생각하면 고갯길 정상에 근사한 미술관을 지어 놓음으로써 그곳을 지나가는 이들의 발걸음을 붙잡을 수도 있을 것 같다. 더구나 진부령은 그곳을 거쳐 동해안으로 가는 여행객들의 수가 적지 않은 고갯길이다.

진부령 미술관은 [흰소]로 유명한 이중섭의 작품을 상시 전시하고 있는데 진품은 아니고 모두 영인본이다. 비록 영인본이긴 하지만 시골 미술관에서 이처럼 이중섭의 작품을 전시할 수 있는 이유는 전석진 관장이 유족의 허락을 얻었기 때문이다. 진부령 미술관은 원래 큐레이터인 전석진 관장의 개인 스튜디오였다고 한다. 그러나 전 관장이 고성군에 희사한 후 지금은 군에서 운영하고 있다.

동해시에 있는 무릉계곡에 가면 그곳에도 미술관을 상설 운영하는 모텔이 있다. 관장인 김형권 화백이 운영하는 '무릉아트프라자'다. 미술관이나 음악당이 꼭 도심에 있어야 한다는 생각은 선입견일 뿐이다. 아울러 자전거를 타고 여행하는 일은 예술 감상과 거리가 있을 것 같지만 이 또한 그렇지도 않다. 자전거를 타고 백두대간을 샅샅이 누비다 보면 명산대찰 속에서 그림같이 수려한 풍광과 국보급 문화재를 감상하게 되는데 이것이 바로 라이딩과 예술의 '콜라보'가 아니겠는가.

진부령 북사면(北斜面)은 거의 11km에 이르는 긴 고갯길로 소똥령마을 입구에서 끝이 난다. 반대로 말하면 진부령 북사면의 시작점은 소똥령마을 입구다. 동쪽에 자리 잡은 작은 고개라는 뜻으로 소동령(小東嶺)으로 불리던 것이 '소똥령'이 되었는지 아니면 소똥이 많거나 마을이 소똥처럼 생겨서 그리 부르는지는 모르지만 재미있는 이름이다. 소똥령마을이니 어디서 느릿느릿 걷는 소 한 마리 나타날 듯도 한데 들려오는 건 개 짖는 소리뿐이다.

소똥령마을에서 46번 국도를 따라 약 12km를 더 달리면 7번 국도다. 7번 국도는 흔히 해안도로로 알려졌으나 고성 - 속초 구간에 있어 7번 국도가 해안에 근접한 낭만적인 구간은 거의 없다. 더구나 하행선인 고성 - 속초 구간은 내륙 쪽에 있어 바다와는 다소 거리가 있는 편이다. 따라서 달리다가 바다가 보고 싶으면 횡단보도를 건너야 한다.

하지만 나는 자전거 길보다는 주로 7번 국도를 이용해서 속초까지 달렸는데 그 이유는 국도를 이용할 경우 길이 단순해서 헤매지 않고 빠르게 이동할 수 있기 때문이다. 이는 자전거 길의 경우 복잡하고 헤맬 우려가 있다는 말이다.

사실 우리나라에서 자전거 길이라고 해도 자전거 전용도로는 많지 않으며 자전거를 위해 일부러 조성한 길도 흔치 않다.

그런데 동해안 자전거 길은 특히 사정이 열악한 편이다. 아무리 동해안이라고 해도 해안을 따라 길이 조성되어 있다 보니 직선주로가 드물고 이따금 마을길로 접어들기도 한다. 뿐만아니라 자전거 전용도로의 비중이 매우 작고 해수욕장이나 항구 근처에서는 그나마 있는 자전거 도로가 아예 주차장으로 사용되기도 한다. 물론 바다를 왼편 또는 오른편에 두고 달리기 때문에 길을 잃을 우려는 안 해도 되지만 자전거 길을 이용해 특정 목적지를 찾아가기가 생각만큼 쉽지는 않다.

우리나라에서 본격적으로 자전거 길을 조성한 것은 이명박 정부 들어서다. 4대강 대운하 사업을 대선 공약으로 내세우고 당선된 이명박 대통령은 야당과 환경단체 등의 강력한 반대에 따라 4대강 정비 사업으로 슬그머니 이름을 바꾸어 사업을 추진하면서 자전거 길 조성에 힘을 썼다. 그 결과 전국의 자전거 길 총연장은 2009년 11,387km에서 2017년에는 22,315km로 두 배나 증가했다. 하지만 전국 대부분의 자전거 길은 자전거 전용도로가 아니라 보행자 겸용도로이거나 차도에 자전거 통행이 가능한 차선을 그어 놓은 자전거 전용차로나 자전거 우선도로(차량의 통행이 적어 자전거 전용차로의 필요성이 없는 도로)다. 즉 아주 일부 구간을 제외하고는 자전거 길이라는 게 따로 있는 건 아니라는 말이다. 그나마 있는 자전거 길도 정권이 바뀌며 자전거에 대한 관심이 줄어들면서 관리가 잘되지 않는 실정임을 자전거 여행을 하다 보면 쉽게 알 수 있다. 많은 자전거 길이 4대강 사업의 결과물인 건 맞지만 그렇다고 친환경적 교통수단인 자전거가 달리는 길을 애물단지 취급해서야 되겠는가. 자전거는 아주 오래된 탈것이기도 하지만 미래의 교통수단이기도 하다.

7번 국도를 이용해서 빠르게 이동한 결과 오후 두 시 조금 지나 목

속초시립박물관의 함경도 집

적지인 속초 척산온천 근처에 도착했다. 이른 시간이었지만 늘 들리는 모텔을 숙소로 잡고 잠시 쉬다가 다시 자전거를 타고 나왔다. 가까운 곳에 있는 발해역사관에 들러보았다. 발해는 고구려를 계승해서 2백여 년 동안이나 한반도 북부와 만주·연해주 일대를 통치한 국가인데 왜 속초에 발해역사관이 있을까.

  송나라 때 편찬한 당나라 역사서인 신당서에는 발해의 영토가 사방 5천 리에 이르며 니하(泥河)를 경계로 신라와 국경을 마주했다는 기록이 있는데 니하는 오늘날 강릉 일대로 추정되는 지역이다. 이를 근거로 속초시에서는 속초가 발해 일부였다는 주장이다. 이에 따라 지난 2008년 말 속초시립박물관 부지에 발해역사관을 신축했다.

동해바다

척산온천

　발해역사관이긴 하지만 발해의 문화재 등은 없고 모형전시물과 역사 소개뿐이다. 발해역사관을 나오면 구 속초 역사(驛舍)와 실향민 마을 그리고 북한의 지역별 가옥을 재현해 놓은 문화촌이 있다.

　그 옛날 남북국시대(발해 vs 신라)에 속초가 발해의 영토였는지는 모르겠다. 확실한 건 인기 사극 [대조영(2006~2007)]의 촬영장은 속초에 있다는 사실이다. 속초에 발해역사관이 있는 이유는 혹시 드라마의 영향이 아닐까 싶다.

　발해역사관을 나와 황태국으로 조금 이른 저녁을 먹고는 척산온천으로 향했다. 그동안 척산온천은 미시령을 넘을 때마다 들르던 곳이었는데 이날은 진부령 넘어 바닷길을 끼고 와서 피로를 풀게 되었다.

　척산온천은 온양온천이나 유성온천·수안보온천 등에 비하면 생소하다. 그러나 일찍이 일제 강점기에 개발되었으며 일본인들이 떠난 후 그냥 두었다가 1960년대에 재개장했다고 한다. 53℃의 강알칼리온천으로 탕에 이물질이 뜰 정도로 노폐물 제거 효과가 탁월하다.

누구는 껌 사러 간다고도 하고 또 한때는 포켓몬 잡으러 떠나기도 했으나(증강현실 게임 속 캐릭터인 포켓몬을 우리나라에서는 군사적인 이유로 속초에서만 찾을 수 있다고 해서 한때 포켓몬을 잡기 위해 속초로 가는 것이 유행이었다) 사실 미시령을 넘어 속초로 가는 길이 쉬운 길은 아니다.

세상은 넓고 할 일은 많다는 누구의 말처럼 (잘은 못해도) 할 수 있는 것도 많고 그동안 해본 짓도 많다. 몇 해 전 친구가 자전거 함께 타자고 권했을 때도 문득 든 고민은 '이 나이에 자전거까지?'였다.

자전거에 오르기까지는 많은 시간이 필요했으나 자전거를 사기까지는 그리 오랜 시간이 걸리지 않았다. 그런데 막상 자전거를 사려고 하니 MTB니 로드니 하이브리드니 픽시니 자전거 종류가 많기도 했다. 아울러 브랜드도 다양하고 족보도 어지러웠다. 데오레·SLX·XT·XTR 등등. 도대체 무슨 말인가.

3대만 올라가면 집안 족보도 꿰기 어려운데 저 복잡한 자전거 족보를 도대체 어떻게 외운단 말이냐. 더는 고민과 생각이 귀찮아질 무렵 퇴근길에 집 앞에 있는 자전거샵에 들렀다가 충동적으로 국산 브랜드인 '아팔란치아 칼라스 70'을 질렀다.

"아저씨, 이 자전거 좋은 거예요?"
"MTB로는 이 가게에서 제일 비싼 겁니다."

가게 문을 막 닫으려는 찰나 굴러 들어온 손님을 놓치기 싫었던지 주인은 입에 침이 마르도록 '칼라스 70'의 장점을 늘어놓았다.

"가격 대비 만족도 최곱니다. 헤헤, 수입 자전거라고 해도 알고 보면 부품은 다 똑같은 거 쓰거든요. 이놈도 변속기·브레이크 다 일 겁니다. 한 마디로 한국에서 사는 일본인이라고 할까요?"

"아하…"

"타시다 문제 생기면 언제든지 오세요, 요 앞 단지 사시죠?"

그렇게 갑작스럽게 자전거를 장만해서 라이딩을 시작하고 얼마 지나지 않아 경의중앙선 용문역을 출발해서 미시령을 넘어 속초에 다녀왔다. 용문에서 속초까지 157km는 초보자에게 지옥 길이 따로 없었다. 터널(며느리고개터널·철정터널·인제터널)은 왜 그리 많고 고개는 어찌나 높은지. 변속 도중 체인 이탈을 세 번씩이나 경험한 초보 라이더는 집으로 돌아오자마자 샵에 들러 자전거에 이상이 없는지 살펴보게 했다.

"자전거 좋지요?"

"저 이거 타고 속초에 다녀왔습니다."

"네?"

"미시령 넘어 속초에 다녀왔다고요."

"그런 데 가는 사람들은 수백만 원짜리 자전거 타고 가는데…"

자전거샵 주인은 말끝을 흐리며 다소 놀랐다는 듯 나를 바라봤다.

울산바위

다행히 자전거에는 아무 이상도 없었다.

"너무 급하게 변속하지 마시고요."

그때 원통 지나 만난 3.5km의 길지 않은 고갯길이 바로 미시령 서사면(西斜面)이다.

그런데 속초에서 오르는 미시령 동사면(東斜面)은 약 7.7km로서 서사면과 비교해 배 이상 길다. 유명한 미시령 힐 클라임 대회가 열리는 장소이자 백여 개가 훨씬 넘는 백두대간 고갯길 중 업힐 거리나 경사 등을 종합하면 상위 10% 안에 드는 험로다. 참고로 자전거로 오를 수 있는 백두대간 고개는 대략 60여 개 이상으로 치는데 대개 양 방면이 있으므로 결국 백두대간 고갯길은 120개 이상이다. 그동안 미시령을 여섯 차례 올랐는데 네 번은 서사면에서 두 번은 동사면에서 올랐다. 이번에 오르면 동사면을 세 번째 오르는 것이다.

미시령 탐방지원센터

황태해장국으로 아침을 먹고 등정에 나섰다. 익숙한 길을 따라 미시령 업힐이 시작되는 에스오일 주유소 앞에 이르렀다. 심호흡을 가다듬고 출발이다. 미시령 정상을 향해!

　미시령 고갯길은 노면에 자전거길 표시가 된 자전거 우선도로다. 고개 아래에 터널(미시령 터널)이 뚫려 있어 자동차는 터널을 지나면 된다. 그럼에도 불구하고 미시령을 올라오는 차량은 꽤 많은 편인데 바로 동사면에 있는 울산바위의 장엄한 모습을 보기 위한 행락 차량인 듯하다. 미시령 정상에는 과거 휴게소가 있었으나 지금은 추억이 되어 버렸다. 미시령 휴게소는 2006년에 터널이 뚫리면서 이용객이 급감하자 경영난을 이기지 못하고 2011년 1월에 폐쇄되었다가 2016년 11월에 철거되었다. 2016년 8월에 처음 미시령 정상에 올랐을 때만 해도 철거 전이라 건물의 모습을 볼 수는 있었는데 다음 해에 미시령에 다시 올랐을 때는 그만 없어져 버렸다.

　지역과 지역을 이어주는 관문이기도 한 고갯길은 사람과 물자의 빈번한 왕래와 유통으로 자연스럽게 주변에 경제적 번성을 가져다주었다. 무거운 짐을 이거나 지고 걸어서 높다란 고개를 넘었으니 얼마나 힘들고 피곤했을까. 따라서 고개 주변에는 오늘날로 치면 휴게소

미시령 정상에서 바라본 속초 방면의 모습

나 여관이라 말할 수 있는 주막이 생겨났고 시장이 형성되었다. 지금도 고개 아래에는 식당과 숙박업소 등이 모여 있는 것을 볼 수 있다. 사람과 물자가 얼마나 빈번히 이동하느냐에 따라 고갯길의 가치도 달라지며 주변 지역에 미치는 경제적 영향도 다르다. 큰 고개 아래에 큰 장이 서는 것이다. 이런 면에서 산을 관통해 지역과 지역의 거리를 좁힌 터널의 탄생은 고갯길의 역할을 축소시켰으며 주변의 경제를 쇠락하게 했다고 할 수 있다.

미시령은 정상에 미시령 휴게소가 있었고 동사면 아래에는 울산바위 조망휴게소가 있는데 정상의 휴게소는 이미 철거되었고 울산바위

미시령 표지석

조망휴게소는 휴업 중이다. 고갯길의 역할 축소에 따른 영향이라 봐야 할 것이다.

울산바위의 모습은 자전거 안장에서 바라보았다. 미시령 정상은 정확히 70분 만에 무정차로 올랐다. 정상에는 '미시령 탐방 지원센터'라는 작은 건물이 들어섰다. 오픈 전이라 어떤 용도인지는 모르겠으나 미시령휴게소처럼 운전자들이나 라이더들의 휴식처가 되어줄 것 같지는 않아 씁쓸하다.

휴게소는 철거되었으나 미시령 정상의 표지석은 옛것 그대로다. 표지석의 미시령(彌矢嶺)이라는 한자는 이승만 대통령의 친필 휘호로 알려진다.

이로써 미시령에 일곱 번째 올랐다. 오를 때는 몰랐는데 급경사를 내려가다 보니까 브레이크 상태가 좋지 않은 게 느껴진다. 앞브레이크는 탄력이 떨어지고 뒷브레이크를 잡으면 잡소리가 난다. 특히 경사로를 내려갈 때 브레이크에서 발생하는 잡소리는 심리 상태를 위축되게 했다.

2018년에 지리산 정령치에서 내려오다가 넘어져 무릎 수술을 받은 이후 낙차 사고에 대한 두려움이 남아 있는 터라 결국 상당 구간에서 오를 때도 하지 않았던 '끌바(자전거를 끌고 가는 일)'를 하고 말았다. 서사면이 길지 않은 것이 유일한 위안거리였다.

미시령을 내려오니 오히려 더 춥다. 몸이 굳어 진부령 시작지점인

미시령 고갯길

매바위 인공폭포를 지나 한 식당에 들어갔다. 식사는 하지 않더라도 따뜻한 커피 한잔하면 살 것 같기 때문이었다. 식당 주인에게 말하고 자판기에서 커피 한 잔을 뽑았다. 주인은 받지 않겠다고 했으나 화장실도 사용하고 잠깐이지만 몸도 녹인 터라 천 원짜리 한 장을 놓고 나왔다. 다음에 오게 되면 이곳에서 식사를 해야겠다고 생각했다.

이 브레이크 상태로 마지막 목적지인 한계령에 오를 수 있을까. 오를 때는 문제가 없을 것이다. 문제는 내려올 때다. 미시령도 내려왔는데 상대적으로 경사가 세지 않은 한계령은 가능하지 않을까. 한계령은 경사가 아니라 거리가 문제였다. 한계령 정상에서 양양터미널까지는 27km, 원통터미널까지는 21km다. 어느 쪽도 만만치 않다.

여기서 멈추면 1,400km를 넘게 달려온 백두대간 종주 라이딩을 완전하게 마무리하지 못할 것이다. 이번 구간에 포함된 진부령과 미시령과 한계령은 사실 2019년 들어서만 각각 두 세 번씩 오른 고개들이다. 하지만 세 고개를 연이어 넘지는 않았기 때문에 이미 지난주에 지리산에서 백두대간 라이딩의 대장정을 마친 나는 보다 완전한 종주의 완성을 위해 자전거를 다시 설악산으로 돌린 것이다. 그런데 그만 자전거가 더 버티지 못하고 퍼진 것이다.

안되면 걸어서라도 내려간다는 각오로 자전거를 타고 한계령으로 향했다. 한계령도 그동안 여섯 차례나 모두 무정차로 오른 곳이다. 그러나 양양 방면으로는 본격 업힐이 시작되는 오색온천 아래로는 내려

용대리 더덕식당

가 본 적이 없다.

황태덕장으로 유명한 미시령 서사면 아래 용대리에서 한계령으로 가기 위해서는 15km 정도 떨어진 한계교차로에서 44번 국도로 옮겨 타고 약 16km를 더 올라야 한다. 그런데 한계령 서사면의 본격적인 오르막은 정상에서 약 7.5km 아래의 장수대부터다. 마치 기암괴석의 이름 같이 들리나 장수대는 설악전투를 기념하기 위해 1959년에 지은 한옥 건물이다. 지금은 사용하지 않고 바로 옆에 장수대 휴게소가 있다.

라이더에 따라서는 한계령 서사면의 업힐 구간을 10킬로 이상으로 치기도 하는데 이는 한계교차로부터 가파르지 않은 오르막이 꾸준히 계속되기 때문이다. 하지만 장수대까지는 특별히 허벅지에 힘이 들어

한계령 휴게소

가지 않기 때문에 업힐 거리의 과다 측정이라 여기고 나는 장수대부터 업힐 거리를 측정하는데 이날 쌀쌀한 날씨에 미시령에 이어 거푸 한계령에 도전한 내겐 장수대까지의 세지 않은 경사도 버겁게 느껴졌다.

가까스로 장수대 휴게소에 도착해서 따뜻한 아메리카노 한 잔을 마시며 전열을 가다듬었다. 그동안 여섯 번이나 한계령에 올랐는데 이렇게 힘겹게 느끼기는 처음 한계령에 올랐을 때를 제외하고는 없었다. 한계령 서사면의 업힐 거리는 백두대간의 모든 고갯길을 통틀어 긴 편에 속하나 경사는 그리 센 편이 아니다.(그렇다고 약하지도 않다.) 고개 정상에 이르러야 10% 수준이다. 한마디로 한계령은 경사보다는 거리와 싸움이다. 한계령 서사면을 이번엔 59분 만에 올랐다. 처음 올랐을 때보다도 시간이 더 걸렸으니 꽤 지친 것이다.

장수대

　한계령 정상은 인제군 북면 한계리와 양양군 서면 오색리의 중간 지점이다. 정상에 오르면 양양 방면으로 오색령이라는 표지석이 있는데 이는 양양군에서 설치했기 때문이다. 고개의 공식적인 명칭을 두고 인제군과 양양군의 갈등은 계속되고 있다. 하지만 가요와 소설 등을 통해 오색령이라는 명칭보다는 한계령으로 널리 알려져 있다.

　그동안 자전거로 오를 수 있는 거의 모든 백두대간 고개 정상에 올라봤으나 정상에서 보는 조망은 한계령이 으뜸이다. 한계령의 해발고도는 1,004m이지만 자동차나 자전거로 오를 수 있는 한계는 920m의 한계령 휴게소까지다. 한계령 휴게소는 설악산의 주봉인 대청봉(1,708m) 등산로 입구 아래에 있으며 건물은 건축가 김수근의 작품이다. 한 마리 새가 산에 앉긴 듯한 이 건축물은 마치 산의 일부처럼 언

한계령(오색령) 표지석

제 봐도 자연스럽다. 산 위에 있되 결코 산을 정복하지 않은 듯한 외양. 김수근은 알고 있었을 것이다. 인간이 산을 정복할 수 없음을.

이렇게 진부령과 미시령에 이어 한계령까지 올랐으니 올라온 길을 도로 내려가서 인제 방면으로 가든 반대편인 양양으로 가든 아무런 문제가 없을 것이다. 하지만 난 좀 더 먼 양양 방면으로 내려가기로 했는데 이는 본격적인 2019 백두대간 라이딩 투어가 양양을 출발해서 조침령 - 구룡령 - 운두령에 오르며 시작되었기 때문이다.

이미 날이 어둑해질 무렵이고 날씨도 제법 쌀쌀했다. 그러나 대중교통을 이용한 백두대간 투어의 스타트라인과 피니시라인인 버스 터미널과 터미널을 완전하게 이어보겠다는 나의 굳은 결의를 흩트리진 못했다.

경사가 미시령에 미치지 못함에도 브레이크 상태가 좋지 못했기 때문에 타다가 걷기를 반복하며 아주 긴 한계령 동사면을 내려갔다. 이 구간의 문제는 한계령 정상에서 19km 정도 다운하면 나오는 남설악 터널이다. 길이 780m의 이 터널은 긴 편은 아니나 통과 차량이 제법 많은 편이고 굽은 터널이라 위험성이 있다. 그리고 갓길에 턱을 만들어 놓은 데다 턱에는 라바콘(고깔)을 올려놓아 자전거를 끌고 가기도 쉽지 않다. 우회로가 없진 않으나 고갯길이고 시간도 없어 난 터널을 통과해 버렸는데 다음번엔 우회로를 지나 한계령에 오르고 싶다.

한계령 정상에서 양양시외버스터미널까지는 내리막이라 자전거를 타고 달리면 순식간에 당도하겠지만 걷고 타기를 반복하다 보니 결국 예약 차편을 두 번이나 취소한 끝에 가까스로 서울 강남고속버스터미널 행 임시 운행 버스에 탑승할 수 있었다. 아주 늦은 시각은 아니지만 입동(立冬)이 지난 긴 국도의 끝은 짙은 어둠이다.

이로써 강원도 인제군부터 경상남도 함양군까지 단 한 구간도 끊어짐이 없이 버스 터미널과 터미널을 이어 백두대간을 종주하면서 시작점에서 마치게 되었다. 어느 날 운명처럼 시작된 평범한 오십 대의 백두대간 종주 라이딩. 이야기는 조침령 - 구룡령 - 운두령 구간으로 이어지며 계속된다.

1구간 전체 경로

나도 이제 백두대간 종주 라이더

▶▶▶ 제2구간 : 조침령 - 구룡령 - 운두령

▶▶▶ 제2구간 : 조침령▶구룡령▶운두령

　설악산 권역에 있는 백두대간 고개 가운데 그동안 고성 진부령과 속초 미시령, 양양 한계령은 올라봤으나 양양 조침령과 홍천 구룡령은 올라본 적이 없었다.
　조침령에서 구룡령을 거쳐 평창 운두령을 잇는 이 구간은 강원도의 깊숙한 내륙을 가른다. 그런 만큼 수도권에서 접근성이 매우 떨어진다. 아울러 미시령이나 한계령과 달리 가까이 유명 관광지나 해변을 두고 있지 않아 숙식 업소 사정이 열악하다. 서(西)양양에서 홍천군을 잇는 56번 국도변에서는 네이버 지도상으로도 적당한 숙식 업소를 찾기가 쉽지 않은데 실제로 달려보니 그나마 지도상에 있는 많은 업소가 휴폐업 상태였다.

되도록 많은 백두대간 고개를 오르기로 계획했지만 고성 진부령에서 구례 성삼재까지 종주 수준의 라이딩을 계획한 것은 아니었다. 그럴 체력도 안 되고 길도 알지 못한다. 내게는 라이딩을 통한 힐링이 우선이다. 하루에 수 개의 고개를 넘으며 수천 미터의 고도를 얻는 것이 내가 자전거를 타는 목적이 아니다.

구룡령 방향 이정표

비록 백두대간의 완전한 종주가 목표가 아니더라도 조침령과 구룡령을 넘어야 백두대간 설악산 권역은 완주했다 할 수 있기에 이번 투어에서는 조침령과 구룡령을 오르기로 하고 서울 강남터미널에서 양양행 버스를 탔다.

서울을 비집고 나온 버스는 서울양양고속도로에 진입해서 속도를 내기 시작한다. 하지만 잠시 달리는 듯하던 버스는 가다 서다를 반복하다 인제 IC부근에서 휴게소로 들어간다. 내린천휴게소다. 복층 휴게소인 이곳에는 인제양양터널 홍보관이 마련되어 있다. 휴게소의 진화다. 인제양양터널은 총연장 11km의 국내 최장 터널이다. 인제에서 양양까지 땅굴을 11km나 파서 서울서 양양까지 걸리는 시간을 두 시간 오십 분에서 한 시간 삼십 분으로 단축했다고 한다. 하지만 이것은 길이 막히지 않는다면 그렇다는 것이다. 굴을 아무리 파도 주말 서울서

내린천 휴게소의 외양

휴게소 내에 있는 인제양양터널 홍보관

양양까지의 거리는 세 시간을 훌쩍 넘긴다.

양양에 도착해서 점심부터 먹으려 했으나 자전거를 세워 둘만 한 적당한 곳을 찾지 못해 결국 읍을 빠져 나와 56번 국도로 접어들었다.

'이런 젠장, 밥도 못 먹고 국도를 타다니.'

44번 국도에서 홍천 방면으로 뻗은 56번 국도가 갈라지는 논화교차로를 지나서 얼마 못 가 '송천민속떡마을'이라는 간판이 보인다.

'옳거니, 저곳으로 가면 밥은 먹지 못해도 떡은 먹을 수가 있겠구나!'

전통방식으로 쳐서 떡을 만든다는 이 마을 입구에는 떡을 파는 가게가 있다. 나는 마을 입구에 들어설 때만 하더라도 '아무리 떡 마을이라 해도 설마 밥을 안 팔지는 않겠지?' 하는 기대감에 마을 안쪽으로 들어가 보았다. 하지만 식당은커녕 그 흔한 구멍가게조차 보이지 않는다. 마을주민에게 물어보니 이 마을에는 식당이 없고 서림삼거리까지 나가야 한다는 것이다. 서림삼거리는 조침령이 시작되는 곳이다. 그렇다면 주린 배를 잡고 거의 10킬로를 더 가야 한다는 말이다. 결국 나는 마을 입구까지 다시 나와 밥 대신 떡으로 요기를 했다.

라이딩 도중에 식사 때와 장소를 놓쳐 이번처럼 대용식으로 때운 적이 전에도 있었는데 2018년 여름에 태안에서 안면도로 향하는 77번 국도를 지날 때도 그랬다. 늦은 저녁 다행히 국도변에서 모텔을 찾긴 했는데 문제는 주변 식당이 문을 다 닫았다는 거였다. 할 수 없이 국도변 노점에서 군고구마를 사서 콜라와 함께 먹은 적이 있다.

송천 떡마을 입구 표지석

이번엔 인절미와 미린다 오렌지로 한 끼를 때웠다. 밥은 아니지만 그래도 속은 든든했다.

다시 자전거에 올라 서림삼거리 방향으로 내려간다. 56번 국도에 접어들자 곧 상평초등학교 공수전분교가 나타난다. 난 자전거를 멈

미린다 오렌지와 인절미로 한끼를 대신했다

추고 운동장에 들어가 보았다. 넓진 않으나 흔히 보는 인조잔디가 아니라 천연잔디가 깔린 운동장이다. 잡풀도 없이 누군가에 의해 깔끔하게 관리가 잘 된 편이다. 교문 밖에는 해발고도를 측정하기 위해 국토해양부에서 설치한 수준점이 있다. 이곳의 해발고도는 거의 평지 수준인 겨우 63m다. 오늘의 라이딩이 만만치 않을 것임을 짐작케 한다.

38선 표지석을 지나 서림삼거리에 도착했다.

'아, 양양만 하더라도 전에는 북한 땅이었구나.'

38선 표지석

자동차 여행을 할 때 7번 국도 위의 38선 휴게소를 지나면 서울에서 참으로 먼 곳까지 왔다는 느낌이 들곤 했다. 물리적 거리보다는 '38선'이라는 상징이 주는 정서적 거리감 때문이었다. 38선 휴게소는 자전거로 동해안 여행을 할 때도 지나간 적이 있다. 자전거 타고 이렇게 먼 곳까지 여행하게 될 줄은 꿈에도 몰랐다.

서림삼거리에 이르자 우측 편에 시작부터 빡센 언덕이 나타난다. 하도 높고 험해 새도 자고 넘는다는 조침령(鳥寢嶺)이다. 경사가 처음부터 10%를 넘는 것 같다. (10%의 경사란 쉽게 말하면 100m를 이동할 때 고도가 10m 상승한다는 뜻이다.)

서림삼거리에서 출발하는 조침령은 터널까지 4.3km로서 백두대간 고갯길 가운데 업힐 거리가 짧은 편임에도 난이도는 최상급 코스

천연잔디가 인상적인 상평초등학교 공수전분교

에 속한다. 바로 10%를 넘는 평균 경사 때문이다. 실제로 중간 중간 설치되어 있는 경사 안내판은 11~13%를 가리키고 있다. 하지만 노면 상태가 양호하고 길도 넓고 차량 통행이 많지 않아 마음 졸이며 오를 필요는 없는 길이다. 나는 서림삼거리에서 조침령터널 입구까지 49분 만에 무정차로 올랐다.

터널 관리사무소 옆으로 포장이 안 된 '싱글 길'이 있다. 자전거를 끌고 잠시 오르다가 이내 내려온다. 싱글 길 정상의 표지석을 배경으로 인증 샷을 남기면 좋겠지만 잘 못 접어들었다간 산에서 길을 잃고 헤맬 우려가 있기 때문이었다. 그래서 1.2km나 되는 터널을 관통해서 반대편으로 갔다. 진동사거리다. 여기서 계속 직진을 하면 인제 방면으로 갈 수 있다. 한계령 정상에서 양양 방면으로 약 5백 미터를 내려가면 역시 인제 방면으로 빠질 수 있는 샛길이 나온다. 필례 한계령으로 부르기도 하지만 죽은 친구의 아내를 사랑하는 남자의 이야기를 통해 인연의 신비와 아름다움을 그린 이순원의 소설 속 무대가 된 후 지금은 은비령으로 더 잘 알려진 곳이다. '은비령(隱秘嶺)'이란 '은밀히 감추어진 고개'라는 뜻으로 소설 제목이자 이순원이 지어낸 지명이다. 그런데 조침령을 넘어도 인제 쪽으로 빠질 수가 있는 것이다. 물론 이 길은 418번 지방도에서 31번 국도로 이어지는 은밀하진 않은 도로다.

조침령은 특이하게도 양양 방면에서만 오를 수 있는 '원 웨이 업힐'이다. 반대쪽은 터널까지 매우 밋밋한 경사를 보인다. 동해의 지각이

확대되면서 그 영향으로 동해안이 융기된 경동성 요곡 운동이 극단적으로 나타난 곳이 바로 조침령이다.

조침령 표지석을 찾진 못했으나 크게 아쉽지는 않다. 자전거는 자전거가 달릴 수 있는 길에서 달려야 한다. 다시 긴 터널을 통과하여 서림삼거리 방면으로 다운힐을 한다. 경사가 세고 거리가 짧아 구불구불한 '헤어핀(급경사·급회전 구간)'이 잘 보이는 편이다. 함양 지안재나 보은 말티재만큼은 아니더라도 조침령 헤어핀도 이만하면 예술이다.

조심스레 조침령을 내려와서 다시 56번 국도로 들어왔다. 서림삼거리에서 구룡령은 약 20여 킬로로서 멀진 않다. 그러나 시간이 상당히 지체되어 당일에 구룡령까지 오를 것인지 최대한 구룡령 가까이까지 갈 것인지를 결정해야 했다. 무리하면 구룡령까지 오를 수도 있겠지만 그랬다간 어둑해질 무렵 무슨 일이 일어날지 알 수 없어 최대한 구룡령 가까이 갔다가 다음날 일찍 오르기로 했다.

조침령 터널

원래 라이딩 계획은 구룡령에서 도로 내려와 출발지인 양양으로 돌아가는 것이었다. 그러기 위해 구룡령과 조침령 사이에서 1박을 하기로 했는데 계획을 바꿔 구룡령 바로 아래

조침령 헤어핀

까지 달리기로 한 것이다. 구룡령을 지나 운두령까지 넘을 것인지는 다음 날 아침에 결정하기로 했다.

계획을 바꾸니 시간적 여유가 생겼다. 숙소는 본격적인 구룡령 업힐이 시작되는 갈천약수 근처에서 잡았다. 숙소 근처 식당에서 저녁을 먹고 음료수를 사기 위해 매점으로 갔다. 매점 할아버지가 가격을 잘 모르기에 가게 보는 사람 어디 갔냐고 여쭙자, 원래 아들이 운영하는데 결혼하러 네팔로 떠났다고 한다. 네팔에서 결혼식을 올린 다음 국내에서 다시 결혼식을 치를 예정이라고 한다.

다음 날 아침, 이렇게 깊은 산골까지 왔는데 언제 또 올 수 있을까 싶어 구룡령을 넘어 운두령에 오르기로 했다. 운두령은 백두대간을 통과하는 고개도 아니고 따라서 달랑 운두령 하나 넘기 위해 이 근방에 올 일은 없다 싶었다. 갈천약수 입구에서 구룡령 정상까지는

제2구간 *51*

갈천약수 입구 표지석

11.3km의 장거리 업힐이다. 마치 아홉 마리의 용이 지나간 것처럼 구불구불하다고 해서 구룡령이라 부르는 이 고개는 경사보다는 거리 때문에 라이더들을 좌절시킨다.

하지만 난 갈천약수 입구를 출발해 구룡령 생태터널까지 11.3km를 90분 만에 역시 무정차로 올랐다.

구룡령 표지석은 생태터널을 가운데 두고 양쪽으로 두 개가 있다. 양양에서 올라온 쪽에 있는 표지석이 오래된 것이며 반대 방향에 있는 거대 석이 새로 세운 것이다. 자원낭비라는 생각이 든다.

구룡령의 해발고도는 1,013m로서 백두대간 고갯길 가운데는 만항재(1,330m)·두문동재(1,268m)·정령치(1,172m)·성삼재(1,102m)·안반데기(1,100m)·운두령(1,089m)에 이어 일곱 번째로 높다.

해발고도의 경우 원래 지대가 높은 곳에 있는 고개라면 큰 의미가 없을 수도 있으나 구룡령의 경우 서림삼거리 조금 미치지 못한 곳에 있는 상평초등학교 현서분교의 해발고도가 153m인 만큼 이곳을 기준으로 했을 때 표고차도 860m에 달한다. 이는 지리산 정령치와 성삼재에 이어 백두대간 고개로서는 세 번째로 큰 것이다. 나는 이 높고 긴 고개를 단 한 번도 쉬지 않고 한 시간 반 만에 올랐다.

운두령 방면으로 내려가려 하는데 오토바이 한 대가 표지석 앞에 와서 선다. 자전거가 오토바이에게 말을 건넨다.

구룡령 표지석

"사진 한 장 찍어 드릴까요?"

육십이 넘었다는 오토바이 라이더는 자신도 젊어서는 자전거를 탔다며 구룡령을 올라온 자전거 라이더를 칭찬한다. 그러면서도 "자전거는 너무 느리지 않냐?"며 "오토바이도 함께 타보라"고 권유한다.

자전거를 타면서 오토바이가 부럽다는 생각을 단 한 차례도 해본 적이 없다. 오히려 굉음을 내며 위협적으로 달려가는 오토바이를 보며 경멸한 적도 있다. 물론 오토바이가 나에게 경멸당해야 하는 이유는 없을 것이다.

자전거를 타고 얼마 지나지 않아 양평에서 속초까지 라이딩할 때였다. 그때 44번 국도의 갓길을 달리는데 한 무더기의 오토바이들이 끼어들더니 나더러 왜 좀 더 가장자리에 붙어 달리지 않느냐며 위협을 하는 거였다.

구룡령 표지석

오토바이에 대한 기억이 좋을 수가 없다. 또 한번은 남한강 길 따라 원주시 부론면 근처를 지나고 있을 때였다. 역시 갓길을 달리고 있는데 충분한 여유가 있음에도 덤프트럭 한 대가 내 자전거를 스치듯 위협 운전을 가했다.

모든 폭력은 '나는 크고 너는 작아' 또는 '나는 세고 너는 약해'라는 생각에서 시작된다. 하지만 크고 센 것은 정의와는 아무런 관련이 없다. 서부의 승자가 곧 정의로운 자가 아닌 것과 같은 이치다.

'스파게티 웨스턴'의 창시자로서 무명의 클린트 이스트우드를 발굴한 세르지오 레오네 감독은 서부의 진실에 대해 이렇게 말했다.

"할리우드의 서부는 엉터리다. 'OK 목장의 결투'의 주인공인 보안관 와이어트 어프(1848~1929)는 생전 150명을 살해했으나 대부분 등 뒤에서 쏜 것이었다."

(동아일보, 2006.1.13, 기사 참고)

1880년, 미 서부 와이오밍.

전설적인 총잡이 윌리엄 머니(클린트 이스트우드)는 아내를 잃고 어린 자녀들과 돼지를 치면서 살아가고 있다. 근근이 살아가던 그에게 어느 날 키드라는 청년으로부터 귀에 솔깃한 제안이 들어온다.

마을의 건달들이 유곽에서 한 창녀의 얼굴을 난자한 사건이 일어났는데 보안관 빌 대겟(진 핵크만)이 이들을 재판에 회부하지 않고 즉결로 벌금형에 처했다는 것이다. 유곽 주인의 재산을 훼손한 죄로 말 일곱 마리를 주라고 한 것. 이에 억울함을 호소할 때 없어진 창녀들이 돈을 모아 건달들을 죽여주면 1천 달러를 지급한다고 하니 악당들을 처단하자는 것이다. 몇 해 전 죽은 아내의 간곡한 권유로 술도 끊고 손에서 총을 놓은 지 오래된 윌리엄은 키드의 말을 듣고 옛 동료 네드(모건 프리먼)와 함께 길을 떠난다.

하지만 말을 타본 지도 오래되었는지 집에서 키우던 사역마는 주인이 올라타는 걸 허락지 않는다. 노쇠한 윌리엄 머니가 악당을 상대하는 방식은 우리가 알고 있는 서부의 공식과는 많이 다르다. 산 위에서 숨어 저격하고 화장실에서 볼일을 보고 있는 사이에 총을 난사한다.

그의 젊은 날은 어땠을까? 여자와 어린아이까지 죽였으며 집은 불태워서 화근을 없앴다.

서부에서 잔뼈가 굵은 클린트 이스트우드는 서부에서 살아남는 법을 누구보다 잘 아는 사내다. 서부는 정의가 지배하지 않으며 심판하지도 않는다. 오늘날 만들어진 서부의 신화는 실은 영웅 신화와 역사적 소재가 빈곤한 미국인들의 환상일 뿐이다.

1993년 아카데미가 클린트 이스트우드 감독의 서부극 [용서받지 못한 자(Unforgiven)]에 작품상을 수여한 것은 서부의 사나이 클린트 이스트우드가 서부의 과장된 신화를 비판하고 자기 고백적 성찰을 한 것에 대한 보상이었다.

오토바이와 작별을 하고 평창 방면으로 구룡령 길을 십 킬로 정도 내려왔다. 오대산 국립공원이라는 입간판이 보인다. 설악산 권역을 지나 이제 오대산 권역으로 들어가는 것이다. 하지만 아직도 운두령까지는 삼십 킬로가 조금 넘게 남았다. 한 시간 가까이 더 달린 후 홍천군 내면에 들어 점심을 먹었다. 식당에는 주인과 이영표 선수

운두령 시작점의 경사 안내판

가 같이 찍은 사진이 있다. 알고 보니 이영표 선수가 이곳 출신이라고 한다. 도회지도 아닌 산골에서 참 대단한 선수가 난 것이다.

든든히 점심을 먹고 자전거에 올라 다시 페달 질을 시작한다. 그런데 창촌삼거리와 자운교차로를 지나도 언덕배기가 나타나질 않으니 길을 잘못 든 것 같은 불안감이 살짝 엄습한다. 나중에 안 일이지만

운두령의 경사

운두령 임특산물 홍보관

홍천에서 평창 방면으로 가는 운두령의 업힐 거리는 채 5킬로도 되지 않는 짧은 편이다. 그러니 구룡령을 내려와 삼십 킬로를 넘게 달렸는데도 본격 업힐을 만나지 못한 것이다.

어디서부터 운두령인가 했는데 본격 업힐이 시작되는 지점에 친절하게도 15%라는 어마어마한 경사 안내판이 있다. 15%면 지리산 헤어핀에서나 보는 수준이다.

하지만 안내판이 없었다면 15%라는 경사를 느끼지 못할 만큼 체감 경사는 그리 크지 않다. 게다가 해발고도가 높은 지점에서 업힐이 시작되어 약 1킬로 정도 오르자 바로 800m 고지를 알리는 안내판이 나타난다. 운두령은 해발고도가 1,089m로서 지리산 성삼재(1,102m)와 비슷한 높이지만 표고차가 작아 그다지 위압감은 주지 못한다. 경사에 겁먹지 말고 초반 페이스를 잘 유지하는 것이 등정의 성패를 좌우한다.

운두령 4.9km도 역시 무정차로 45분 만에 올랐다. 운두령 정상은 계방산 등산로 아래다. 이제 자전거가 더 오를 곳이 없다. 잠시 운두령 임(林)특산물 홍보관이라는 간판이 붙은 정상 휴게소에서 차 한 잔을 마시며 휴식을 취했다. 정면에서 봤을 때 이 휴게소의 왼편은 평창군 부녀회에서 오른쪽은 홍천군 부녀회에서 운영하는 곳이라고 한다.

전날 조침령에서 갈천약수 가는 길에서도 개들을 만났는데 운두령을 내려오다가도 도로로 뛰어드는 개를 만나 식겁했다. 다운힐이라 아무래도 자전거에 속도가 있어 쫓아오는 개를 무시하고 지나갔다. 다행히 개는 자신의 영역을 벗어난 날 더 따라오지 않았다. 만약 업힐 중에 개를 만나면 낭패다.

정상에서 운두령로를 따라 약 5.1킬로 정도 내려가면 이승복 생가와 기념관을 알리는 안내판이 있다. 평창에서 오르는 운두령은 이곳부터 측정하면 될 것 같다. 반대 방향보다 조금 길다. 진부터미널로 가는 속사삼거리에 이르기 전에 이승복 기념관이 있어 잠시 들렸다.

이승복상   운두령 표지석

이승복 생가와 다니던 학교까지 복원해 두었다. 기념관 규모가 꽤 크다. 대한민국 정부 수립 이후 이만한 규모의 기념관을 가진 인물이 또 있는지 모르겠다.

기념관을 나와 직진을 하다가 속사삼거리에서 좌회전하여 진부터미널로 향한다. 살짝 오르막이 계속된다. 아, 마지막까지 업힐이라니… 참, 정 안 가는 코스라는 생각이 드는 순간 복병을 만났다.

길이가 무려 2킬로(2.1km)를 넘는 속사터널이다. 그동안 자전거를 타고 통과했던 터널 가운데 최장이다. 하지만 근래(2017년)에 준공되어 갓길이 충분하며 터널 내부도 꽤 밝다. 아울러 진행 방면은 살짝 내리막이라 큰 힘 들이지 않고 무사히 터널을 빠져 나왔다. 나중에 알고 보니 이 터널을 우회하는 고개가 있는데 바로 속사재다.

백두대간을 종주하면서 모든 고개를 빠짐없이 넘기란 어려운 일일 것이다. 큰 고개가 아니라면 코스에 따라 포함되기도 하고 그렇지 않은 고개도 있을 텐데 속사재가 바로 그런 길이 아닌가 한다. 말하자면 넘어도 되고 넘지 않아도 되는 고개다. 이렇게 설악산 권역을 지났으니 다음 구간은 오대산 권역이다.

2구간 전체 경로

운무 자욱한 하늘 아래 가장 높은 마을

▶▶▶ 제3구간 : 진고개 - 싸리재 - 대관령 - 안반데기 - 닭목령

▶▶▶ 제3구간 : 진고개▶싸리재▶대관령▶안반데기▶닭목령

　　지난번 백두대간 투어를 양양시외종합터미널에서 출발해서 진부시외버스터미널에서 마쳤기 때문에 이번엔 진부시외버스터미널을 출발해서 진고개 – 대관령 – 안반데기 – 닭목령을 거쳐 강릉까지 달리기로 했다. 대중교통을 이용해 백두대간 투어에 나서다 보면 터미널과 터미널이 마치 끝말잇기처럼 이어지는데 터미널과 터미널의 거리가 멀면 멀수록 당연히 자전거가 달려야 할 거리도 늘어난다.

　　자전거는 가장 오래된 탈것이자 미래의 교통수단으로서 친환경적이기도 하다. 대중교통과 친환경적인 교통수단인 자전거의 '콜라보'를 위해서는 자전거와 버스, 자전거와 기차 및 전철의 연계망을 더욱 강화할 필요가 있다. 이런 의미에서 지난 2018년 한국철도공사에서 내린 경의중앙선과 경춘선의 평일 자전거 휴대 승차 금지는 친환경을 표방하는 현 정권의 정책 방향성에 반하는 결정이다.

경의중앙선과 경춘선은 수도권에서 경기도 양평군과 강원도 춘천시를 잇는 전철 노선으로 남한강길 및 북한강길 자전거 도로와 연계되어 많은 라이더의 사랑을 받는 노선이기도 하다. 따라서 다른 전철 노선과 달리 두 노선은 주말은 물론 평일에도 출퇴근 시간대를 제외하고는 자전거 휴대 승차를 허용했는데 민원 및 안전사고 발생을 이유로 철도공사에서 평일 자전거 휴대 승차를 금지한 것이다.

수도권 전철의 경우 일부 노선을 제외하면 주말 또는 평일에 자전거 휴대 승차가 가능했다고는 하지만 이것도 차량 맨 앞칸과 뒤칸에 제한적으로 허용됐다.

따라서 자전거 인파가 몰리는 봄·가을 주말 일부 시간대의 경의중앙선과 경춘선 전철 앞뒤 칸은 자전거 여행객과 일반 승객들로 발 디딜 틈이 없는 아수라장을 연출하곤 했다. 이 과정에서 전철의 자전거 휴대 승차 허용에 대해 몰이해한 일부 승객들로부터 민원이 발생하기도 했으며, 자전거 여행자들은 아예 맨 앞과 맨 뒤 칸만이라도 자전거 전용 칸으로 해야 한다는 주장을 펴기도 했다.

1,300만 라이더 시대라고 하니 우리 국민 가운데 적어도 다섯에 하나꼴로 어떤 식으로든 자전거를 탄다는 말이다. 따라서 전철 자전거 휴대 승차 문제는 어느 일방이 옳고 그른 문제가 아니라 국민 상호 간

에 양보와 배려 그리고 공존의 모색이 필요한 문제다.

철도공사는 경의중앙선과 경춘선의 평일 자전거 휴대 승차를 금지하면서 민원 증가를 한 원인으로 들었으나 이 노선은 평일 출퇴근 시간대를 제외하면 평소 자전거가 일반 승객들의 승차를 방해할 만큼 붐비는 노선이라고 보기 어렵다. 만약 민원 발생이 골치라면 평일 출퇴근 시간대 자전거 휴대 승차 금지를 더욱 엄격하게 적용하면 된다.

자전거는 그 사회와 시대의 얼굴이다. 우리 사회에서 자전거는 노동과 생활의 단계를 거쳐 이제 레저용으로 자리 잡았다. 자전거 이용의 선진국화다.

1980년대까지만 해도 우리 사회에서 가장 흔히 볼 수 있던 자전거는 쌀 자전거라 부르던 짐받이 자전거였다. 당시엔 사이클이라 부르던 로드 자전거는 부의 상징까지는 아니더라도 사치품으로 여겨졌다. 하지만 지금 짐받이 자전거는 자전거 박물관에나 가야 볼 수 있을 정도로 희귀한 물건이 되어버렸다. 현재 가장 흔하게 볼 수 있는 자전거는 한때는 사치품이던 로드 자전거와 산악용인 MTB다.

결과적인지는 모르겠지만 우리나라에 자전거 인구가 이 만큼 늘어난 건 전전 정권의 업적이다. 국민이 여가를 즐기는 차원에서 자전거를 타게 하려면 자전거만 생산해서는 될 일이 아니고 자전거가 달릴 수 있는 인프라에 대한 투자가 선행되어야 함은 물론이다.

그런데 자전거 길을 만드는 작업은 1인당 국민소득 1만 달러 시대에는 어림없는 일이고 적어도 2만 달러 근처에는 와야 하는데 우리나라가 1인당 국민소득 2만 달러를 달성한 시기와 자전거 레저 붐이 일어난 시기가 겹치는 건 따라서 우연이 아니다. 참고로 1인당 국민소득 1만 달러 이하의 저소득 국가에서는 맨몸뚱이만 있으면 되는 조깅이 국민 스포츠로 각광을 받는다. 1인당 소득이 1만 달러를 넘어가면 국민이 졸부 티를 내게 되는데 이 시기에 각광을 받는 대표적인 스포츠가 바로 골프다. 우리나라는 1995년에 1인당 국민소득 1만 달러를 달성했다. 당시 대통령이던 YS는 공무원들에게 (죄 없는) 골프 금지령을 내리기도 했다.

그럼 3만 달러를 넘어가면 국민이 어떤 스포츠에 관심을 지니게 될까. 요즘 속속 생겨나는 게 바로 수상스포츠 클럽이다. 1인당 국민소득 3만 달러인 나라의 국민은 수상스포츠를 즐긴다. 언제가 될지 모르지만 1인당 국민소득 4만 달러 시대가 되면 국민은 또 어떤 스포츠에 관심을 가질까. 아마 지상에서 수상으로 수상에서 항공으로 관심의 영역이 변하지 않을까.

다시 자전거 이야기로 돌아가서 문재인 정부는 역대 어느 정부보다 친환경적인 정부다. 탈원전과 미세먼지 저감을 위한 노후화된 석탄화력발전소 가동 중단 결정이 대표적이다. 자전거는 가장 친환경적인 탈것이다. 그렇다면 친환경적인 문재인 정부의 정책은 자전거 이용을 장려하는 쪽으로 가야 옳다. (한편, 서울시와 철도공사는 2020년 9월

진고개 남사면이 본격적으로 시작되는 노인봉 민박 안내판

1일부터 10월말까지 두 달간 평일 오전 10시부터 오후 4시까지 지하철 7호선 전 구간과 경춘선 상봉-춘천 구간에 한해 평일 자전거 휴대 승차를 시범 운영하기로 했다.)

아침 일찍 고양시에서 동서울터미널까지 가서 진부행 버스에 올랐다. 대중교통을 이용해 자전거로 백두대간을 종주하는 일은 쉽지 않다. 특히 노선이 많지 않은 중소도시에 거주하는 경우 대도시까지 나가서 버스를 타는 경우가 많다. 당일치기 백두대간 라이딩이 어려운 이유다.

진부터미널 맞은편에 있는 카페에서 아이스 아메리카노 한 잔을 마시며 핸드폰으로 달려야 할 코스를 탐색해 본다. 우선 진고개부터 올랐다가 다시 내려와서 대관령을 오르고 횡계에서 숙박하는 것이 목표다.

진부터미널에서 진고개 정상까지는 약 18킬로다. 진고개는 강릉과 평창을 이어주는 고개로 고개 넘어 강릉 방면으로 갈 수도 있지만 그러면 일정상 대관령을 오를 수 없으니 진고개에 올랐다가 대관령 방면으로 이어지는 456번 지방도가 갈라지는 월정삼거리까지 내려와야 한다. 이 경우 라이딩 거리는 약 30킬로 정도다.

진고개의 해발고도는 960m로, 60여 개가 넘는 백두대간 고개 가운데에서도 높은 편에 속한다. 한반도 이남의 백두대간 고개 가운데 해발고도가 1천 미터를 넘는 고개는 만항재(1,330m)·두문동재(1,268m)·정령치(1,172m)·성삼재(1,102m)·안반데기(1,100m)·운두령(1,089m)·구룡령(1,013m) 등 일곱 개뿐이다. 물론 자전거가 다닐 수 있는 고갯길을 기준으로 한 것이다. 내가 아는 한 아슬아슬하게 1,000m에 미치지 못한 진고개는 우리나라에 있는 백두대간 고개 가운데 자전거로 오를 수 있는 여덟 번째로 높은 고개다.

하지만 진부 쪽에서 오르는 길은 표고차가 크지 않아서 그런지 밋

진고개 정상 안내판

밋한 느낌이다. 업힐이나 다운힐 거리가 사람마다 다른 이유는 시작 기준점을 달리하기 때문이다. 내 경우는 보통 쉬지 않고 오르기 시작하는 곳을 업힐 기준점으로 삼는데 진고개를 진부 방면에서 오르면 월정삼거리에서 약 4킬로 떨어진 병안삼거리부터 정상까지 약 8.9km로서 상당히 긴 편에 속하지만 5km를 지날 때까지도 업힐의 참맛을 느끼기 어렵다. 물론 난 병안삼거리로부터 쉬지 않고 진고개 정상까지 오르긴 했다.

체감적으로 느끼는 진고개 본격 업힐의 시작점은 정상에서 약 3.6km 떨어진 노인봉 민박 안내판이 세워진 곳부터다. 노인봉 민박 안내판이 세워진 곳부터 진고개 정상까지 25분 걸렸다. 이 정도면 진부 방면에서 진고개 정상까지 오르는 길은 순한 편으로 봐야 한다.

당당히 백두대간에 이름을 올리고 있는 고개임에도 진고개 정상에는 따로 표지석이 설치되어 있지 않다. 일부 라이더의 경우 표지석을 인증석이라 부르며 마치 백두대간 봉우리마다 인증석이 있어야 하는 것으로 생각하기도 하는데 내 생각으로 이는 그릇된 것이다. 표지석은 국토 종주 길이나 4대강 길에 있는 인증 부스가 아니다.

지맥이 아니라 지상의 산줄기로 백두산에서 지리산까지 연결한 우리 고유의 지리 인식 체계인 백두대간이 각광을 받으면서 도보로 대간을 종주하는 일은 흔하며 요 몇 년 새 자전거를 타고 백두대간을 넘나드는 라이더들도 속출하고 있다.

그런데 국토 종주와 달리 백두대간 종주는 따로 인증 부스가 마련되어 있지 않으니 등산객이나 라이더들이 표지석을 인증석이라 여기며 일부는 표지석이 없는 고개에는 반드시 인증석을 세워야 한다고 주장하는 것이다. 하지만 거대한 비석을 세우는 일은 그 자체가 자연 훼손이다. 그 많은 잘 생긴 돌들은 과연 어디서 가져왔을까. 백두대간 고개 정상에 지자체나 각 기관마다 각각 표지석을 세운 경우도 흔한데 참으로 어처구니없는 일이 아닐 수가 없다.

진고개는 강릉 쪽에서 올라오는 길의 경사가 훨씬 센 편으로 알려져 있다. 생태이동 터널을 지나 잠시 반대 방향으로 내려가 본다. 바로 급경사 길이다. 언제 한 번 강릉에서 올라봐야겠다고 생각하고 올라온 길을 다시 내려간다. 병안삼거리까지 내려와서 우회전하면 월정사 가는 길이다. 기왕 이곳까지 왔으니 유서 깊은 사찰인 월정사에 들르기로 했다.

월정사는 선덕여왕 12년인 서기 643년에 창건된 무려 1,400년 가까이 된 오래된 절이다. 그러니까 삼국통일 이전에 건립되었다는 말이다.

병안삼거리에서 월정사로 가기 전에 월정사 성보박물관이 있다. 절 소유의 문화재를 전시해 둔 박물관이다. 이곳에는 부처님의 진신사리 3과가 안치되어 있는데 우리나라의 5대 적멸보궁 가운데 하나인 상원사에 안치되어 있던 것을 옮겨다 놓은 것이다. '적멸보궁'이란 부처님

한강 시원지 체험관

    의 진신사리를 모신 법당으로 양산 통도사, 설악산 봉정암, 사자산 법흥사, 태백산 정암사와 오대산 상원사를 말하며 상원사는 월정사의 말사(末寺)다.
    성보박물관 옆에는 한강시원지 체험관이 있다. 이곳은 한강의 발원지라는 오대산 1,200m 지점에 있다는 우통수(于筒水) 샘을 재현해 놓은 것이다.

월정사 부처님 진신사리

    한강의 발원지는 이곳 외에도 태백 검룡소(儉龍沼)라는 설도 있으나 영조 때의 인문지리학자인 이중환은 그의 저서 [택리지]에서 우통수가 오대산에서 시작하는데 곧 한강의 근원이라 밝히고 있다. 1987년 국립지리원에서 검룡소를 한강의 발원지라 공식 인정했다고는 하지만 사실 한강이 오대산에서 발원하는지 태백에서 발원하는지 과학적으로 입증하기는 어려운 일일 것이다. 왜냐하면, 한강이 반드시 한 곳에서 발원한다고 말할 수 없기 때문이다. 우통수와 검룡소 모두가 한강의 발원지일 수도 있으며 알 수는 없으나 다른 샘물이나 못이 한강으로 흘러갈 수도 있지 않을까.

사찰의 출입구인 일주문에 들어서자 곧 울창한 전나무 숲이 나타난다. 일주문에 들어서기 전 매표소에서 물어보니 자전거 가지고 들어가도 된다고 한다. 도시의 대기와는 다른 깨끗한 피톤치드 향을 맡으며 1킬로 정도의 전나무 숲길을 자전거를 타고 달리는 기분은 너무나

월정사 입구

1 월정사 전나무 숲길
2 월정삼거리에서 대관령 가는 길에 있는 도성초등학교

도 상쾌했다.

월정사를 나와 산채식당에서 늦은 점심을 먹었다. 뇌우라도 내려칠 것처럼 날씨가 험상궂다. 오늘 대관령 오를 수 있을까. 가는 길에 비라도 만나면 낭패다. 일단 숙소가 있는 횡계까지 가서 일기를 보아 결정하기로 했다. 하지만 곧 비를 내릴 것 같던 날씨는 다행히 더 이상 심술을 부리지 않았다. 그런데 길이 문제였다.

월정삼거리를 2~3킬로 지났을 무렵 나타난 고갯길은 수 킬로를 올라도 내려갈 기미를 보이지 않는다. '벌써 대관령인가? 평창 방면에서 대관령 오르는 길도 꽤 길구나.' 이런 생각을 하며 페달을 돌리는데 드디어 정상이다. 그런데 주변을 살펴보니 이곳이 '싸리재교차로'라고 한다. 그렇다면 힘들여 오른 긴 고개가 바로 싸리재라는 말이다. 전혀 예기치 못했는데 이렇게 백두대간 고개 하나를 오르게 되었다.

고개를 내려가자 왼편으로 축산과학원 한우연구소가 보인다. 초원으로 덮인 낮은 구릉에 드문드문 나무가 서 있는 풍경은 이국적이기

월정사 팔각구층석탑(국보 제48호)

도 하고 익숙하기도 하다. 목가적인 풍광은 이국적이지만 한편으로는 PC 바탕화면의 사진 속 모습을 빼다 박았기 때문이다.

 날씨가 좋아졌기 때문에 횡계를 지나쳐 본격적으로 대관령으로 향한다. 대관령은 실제와 달리 내 마음의 큰 고개로 남아있다. 초등학교 시절 가족들과 관광버스를 타고 대관령 넘어 동해로 간 적이 있기 때문이다. 높고 구불구불한 고개를 버스를 타고 넘는다는 사실에 마냥 신나던 시절이었다. 그런데 그로부터 사십 년이라는 세월이 흘러 자전거를 타고 그 길을 다시 달리고 있다.

 대관령 옛길 입구인 대관령관광안내센터 앞 로터리에서 약 5.8km를 25분간 달렸더니 드디어 대관령 정상이다. 거의 평길 수준이다. 비록 마음속의 그 대관령은 아니지만 난 분명 대관령 정상에 우뚝 섰다.

축산과학원 한우연구소   대관령 표지석

안반데기 가는 길의 버치힐 GC

표지석 근처의 대관령마을휴게소에서 아이스 아메리카노 한 잔의 여유를 만끽하고 다시 안장에 올랐다. 올라온 길을 내려가면 횡계다. 숙소는 [라마다호텔&스위트평창]. 특급호텔을 우연히 아주 저렴하게 잡았다. 자전거 여행을 하면서 2만 원짜리 민박부터 특급호텔까지 모두 경험해 본다. 가격 차이가 그리 크지 않다는 건 세상사는 묘미다.

문제는 이 호텔이 언덕 위에 있다는 점이다. 언덕길을 거의 1킬로 가까이 올라야 한다. 막판 경사는 10%다. 카운터에서 내 모습을 보더니 자전거 타고 오셨냐며 놀라워한다. 백두대간을 넘어서가 아니라 호텔이 있는 언덕길을 올라왔기 때문이다. 그런 그들에게 오늘 하루 백두대간 고개를 세 곳이나 올랐다고 하면 뭐라 할까.

1 대관령은 신재생에너지전시관 방면으로 가야 한다
2 싸리재 정상의 버스 정류장 3 라마다 호텔&스위트 평창

    다음날 호텔에서 아침을 먹고 안장에 앉았다. 안반데기(피덕령)에 이어 닭목령을 지나 강릉으로 갈 예정이다.
    횡계마을에서 안반데기를 가는 길은 특이하게도 골프장(버치힐GC)을 끼고 간다. 따라서 경치가 무척이나 좋으며 가끔 경쾌한 타구음이 들리기도 한다. 골프장 길을 빠져나오면 길이 점점 좁아지면서 편도로 바뀐다. 자연인이나 살 것 같은 심산유곡 깊은 산중으로 들어가면서 절경이 이어진다. 지금까지 자전거 여행을 하면서 수많은 절경을 만났으나 안반데기로 들어가는 코스는 손에 꼽을 만큼 빼어난 경관을 자랑한다. 정신없이 절경 안으로 들어가다 보면 강릉시 왕산면 대기4리(안반덕)라는 안내판이 보인다. 안내판이 있는 곳으로부터 3킬로를 조금 못 미치는 좁은 급경사를 올라가면 바로 안반데기다.

해발 1,100m에 있는 안반데기는 구름 위의 땅으로 불리는 곳으로 떡메로 쌀을 내리칠 때 쓰는 안반처럼 우묵하게 생긴 구릉이라는 뜻이라고 한다. 1965년 이래 화전민 마을이던 이곳은 지금도 28가구가 배추 농사를 짓고 있다. 농사를 모르는 나는 이곳에 가면 고랭지 배추밭을 볼 줄 알았는데 배추밭의 모습은 7~9월에야 볼 수 있다고 한다. 그런데 안개가 무척 자욱해서 배추를 심었다고 한들 아무것도 볼 수 없는 형편이었다.

1 안반데기 가는 길에 있는 송천
2 안반데기 정상
3 운무 자욱한 안반데기 정상

닭목령 표지석

　나는 이정표가 있는 곳으로부터 안반데기 정상까지 2.9km의 급경사를 29분 만에 오른 것으로 만족했다. 강릉 쪽으로 내려가는 길은 올라온 길보다 조금 넓고 경사가 약한 대신 길다. 강원도 감자 원종장 삼거리까지 내려오면 안반데기가 4.6km 남았음을 알려주는 이정표가 있다. 이 방면에서 안반데기로 오르는 본격적 업힐 거리는 약 4km 수준으로 반대편보다 1km 남짓 길다.

　닭목령은 이곳으로부터 겨우 600m 떨어진 곳에 있다. 안반데기를 넘어서오면 백두대간 고개 하나를 거저먹는 것이다. 이런 곳은 또 있다. 화방재는 만항재에서 영월 방면으로 내려오는 경우 지나가는 길임에도 불구하고 백두대간을 하나 넘었다고 한다.

왜 닭목령이라 부르는지는 모르겠으나 닭대가리처럼 생긴 표지석을 배경으로 사진 한 장을 남기고 기나긴 다운힐에 접어들었다. 닭목령 정상으로부터 커피박물관까지는 약 4.8km, 오봉저수지까지는 거의 10km다. 이 신나는 다운힐 구간을 난 전혀 즐기지 못했다. 안개가 너무 짙고 급경사가 미끄러워 상당 구간에서 자전거를 끌고 내려왔기 때문이다. 다운힐 하면서 '끌바' 하기는 이번이 처음이다. 난 작년에 지리산 정령치에서 내려오다 넘어져 수술을 받았을 정도로 무릎을 심하게 다쳤을 때도 무려 8km나 자전거를 타고 산을 내려왔다.

백두대간 자전거 투어는 그저 높은 언덕과의 싸움만은 아니다. 두려움과 나태함, 체력적 한계 등 자기 자신을 넘어야 하며 더위와 습도, 추위는 물론 비바람 등 예기치 못한 기상 상황도 극복해야 얻을 수 있는 인생 투어가 바로 백두대간 자전거 라이딩이다.

강릉고속터미널에 도착함으로써 2019 백두대간 투어, 진부-강릉 구간을 이렇게 마무리했다.

3구간 전체 경로

자병산의 눈물

▶▶▶ 제4구간 : 삽당령 - 버들고개 - 갈고개 - 백복령

▶▶▶ 제4구간 : 삽당령 ▶ 버들고개 ▶ 갈고개 ▶ 백복령

지난 백두대간 투어를 강릉에서 마쳤기 때문에 이번엔 강릉에서 출발해 삼척까지 달리기로 했다. 강릉에서 삼척까지는 동해안을 따라 뻗어있는 7번 국도를 타고 간다면 약 60킬로 정도지만 백두대간을 넘어 내륙으로 돌아간다면 라이딩 거리가 20킬로 정도 늘어난다. 지도상의 거리가 그렇다는 말이다. 실제로는 항상 지도상의 거리보다 더 달린다.

백두대간 강릉 – 삼척 구간은 삽당령 – 버들고개 – 갈고개 – 백복령 등을 넘어야 하며 강릉 – 정선 – 동해 – 삼척의 4개 행정구역에 걸쳐 있다.

강릉으로 떠나기 위해 이른 아침 집을 나섰다. 주중엔 회사 일로 바쁘고 주말엔 거의 매주 백두대간을 넘느라 힘들었기 때문에 이번 주는 쉬고 싶은 마음도 있었다. 하지만 6월엔 집안일 등으로 당분간 주말 백두대간 라이딩이 어려우며 날씨가 더워지면 큰 산을 넘기가 쉽지 않을 거라는 생각이 들어 고민 끝에 금요일 저녁에 강릉행 버스를 예약했다.

아침 일찍 일어났건만 잠시의 방심이 화를 불렀다. 그만 눈앞에서 백석역에 있는 고양종합터미널로 가는 새벽 지하철을 놓쳐버린 것이다. 이럴 땐 화정역으로 바로 가면 된다. 고양터미널을 출발한 고속버스는 보통 화정터미널을 거쳐 가기 때문이다. 가까스로 화정터미널에 도착해서 버스에 오르니 절로 눈이 감긴다. 버스가 횡성휴게소에 정차하자 자동으로 눈이 떠진다. 그런데 비도 내리고 날씨도 춥다. '강원도에 오늘 낮부터 비 온다는 소식은 없었는데…' 괜히 나섰다는 생각이 든다.

토요일 강릉 날씨는 하루 종일 오락가락했다. 그래도 자전거를 멈출 수가 없다. 훈련한다 치고 비바람을 맞으며 열심히 페달 질을 한다.

강릉에서 삽당령에 오르기 위해서는 일단 성산사거리까지 가야 한다. 여기서 좌회전해서 태백·임계 방면으로 바로 빠지지 않고 백두대간로를 타고 대기리·왕산리 쪽으로 접어드는 것이 중요하다. 태백·임계 방면으로 가면 거리는 줄일 수 있지만 왕산터널을 통과해야 한다. 백두대간로는 오봉저수지를 끼고 도는데 오봉삼거리에서 태백·임계 방면으로 튼다. 여기서 우회전하면 지난번에 내려온 닭목령

1 성산사거리 표지판 (대기리 · 왕산리 방면으로)
2 오봉삼거리 표지판 (태백 · 임계 방면으로)
3 도마삼거리 표지판 (태백 · 임계 방면으로)

으로 올라가는 길이다. 가다가 도마삼거리가 나타나면 쭉 직진한다. 달리다 보면 왕산사라는 사찰 입구가 보이는데 바로 이곳에서 삽당령이 기다리고 있다.

  삽당령은 해발고도 680m의 고개로 강원도 강릉과 정선을 잇는 고갯길이다. 강릉과 정선을 잇기 때문에 백두대간을 동서가 아닌 남북으로 넘는다. 이 고개는 강릉에서 오르는 길이 가파르다. 왕산사 입구에서 고개 정상까지 약 5km 정도이며 42분 만에 무정차로 올랐다. 충북 괴산과 경북 문경을 이어주는 고개로 국토 종주 코스에 있는 이화령보다 조금 어려운 수준의 난이도로 보면 된다.

  삽당령을 넘어 고단삼거리 부근에서 점심을 먹기 위해 마을로 들어갔다. 하지만 적당한 식당을 찾지 못해 농협하나로마트에서 빵과 콜라를 사서 대신했다.

　삽당령을 넘어 정선군 임계면으로 가기 위해서는 버들고개를 거쳐야 한다. 버들고개는 백두대간로에 위치하긴 하지만 정상까지의 업힐 거리가 매우 짧다. 임계 방면으로는 넉넉하게 봐줘야 약 1km 거

삽당령 표지석

리다. 그래도 정상엔 해발고도 620m를 알리는 표지판과 크진 않으나 표지석도 설치되어 있다.

　이렇게 삽당령과 버들고개를 넘으면 정선 땅이다. 옛날 조상들이 강릉에서 생산되는 해산물이나 소금을 지고 내륙인 정선까지 와서 팔기 위해 이 길을 내지 않았을까. 백두대간을 굽이굽이 가로지르는 고개 가운데 어느 하나 삶의 애환이 서려 있지 않은 길이 없겠지만 이런 생각을 하니 왠지 숙연한 생각이 든다. 그 옛날 괴나리봇짐 장수가 그랬던 것처럼 버들고개 정상에서 잠시 숨을 돌리곤 임계사거리까지 내달린다. 정선군 임계면은 비록 작은 마을이지만 숙박업소와 식당이 꽤 눈에 띈다. '스파 마니아'인 나는 아마 목욕탕을 발견했더라면 이곳에서 하루 머물렀을지도 모른다.

　임계사거리에서 좌회전해야 동해·삼척 방면으로 갈 수 있다. 동해

나 삼척으로 가기 위해서는 다시 백두대간 고갯길을 넘어야 한다. 임계에서 약 12km 떨어진 갈고개를 넘기 전에 작은 고개가 하나 더 있는데 지명도 표지판도 없다.

하지만 버들고개보다 긴 1.5km 정도의 오르막이며 정상에는 동물이동통로도 설치되어 있다. 이 길을 반대편으로 내려가다 보면 마치 오르막 같은 착각이 드는 구간이 있는데 페달을 밟았더니 금세 속도에 가속도가 붙는다. 이른바 도깨비 도로다. 그래서 난 이 길을 도깨비고개라 부르기로 했다.

도깨비고개를 지나면 곧 갈고개다. 갈고개 정상엔 해발고도 750m를 알리는 표지판이 있으나 따로 표지석은 설치되어 있지 않다. 갈고개를 오르는 길은 약 2.5km 정도로서 15분 만에 정상에 올랐다. 수안보와 이화령 사이에 있는 소조령보다 오르기 쉬운 수준이다.

갈고개를 지나면 곧 백복령이다. 닭목령처럼 백복령 역시 동해 쪽에서 오르는 길은 길고 험하나 내륙에서 동해 방면으로 가는 길은 거

1 갈고개 가기 전에 만난 도깨비고개 (사진 왼편 도로가 오르막처럼 보이지만 내리막이다)
2 버들고개 표지석

정상부가 잘려나간 자병산　　　　　　　　자병산

리도 짧고 해발고도가 780m로서 갈고개보다 30m 정도 높을 뿐이다. 따라서 갈고개와 백복령 사이의 길은 경사가 거의 없는 약업힐이다. 백복령에 도착하기에 앞서 가목삼거리에 이르면 약 십여 개의 향토음식점이 나란히 붙어 있는 백복령 쉼터가 있는데 이곳에도 백복령 표지석이 설치되어 있다. 하지만 진짜 백복령 표지석은 이곳으로부터 약 2km 정도 떨어진 곳에 있다.

　백복령 정상에서 동해 쪽으로 조금 내려오다 왼편을 보면 해발 776m의 자병산을 볼 수가 있다. 거대한 석회암 덩어리인 이 산의 높이는 원래 872m였지만 석회 채굴로 인해 산의 높이가 무려 100m 가까이 줄어들었다. 정상부가 뭉텅뭉텅 잘려나간 산의 허연 속살은 주변의 푸른 산들과 너무나 대조적이다. 산의 높이가 줄어드는 대신 아파트는 올라가지만 채굴이 계속되면 백두대간의 산 하나를 잃게 될 것이다. 개발과 보존 가운데 무엇이 바람직스러운 일인가. 정상이 잘려나간 자

1 푸르른 백두대간 2 백복령 표지석 3 규석 생산으로 파괴된 가평 물안산

병산 덕에 우린 내 집을 마련할 수 있었지만 분명한 건 자연은 우리가 조상으로부터 물려받은 유산이자 후손들에게 물려주어야 할 유산이라는 사실이다. 우리는 그저 거쳐 가는 존재로 우리 맘대로 해도 되는 자연은 없다. 후손들에게 텅 빈 지구를 물려줄 것인가.

가평에서 화악산 가는 길에서 만날 수 있는 물안산 역시 유리의 원료가 되는 규석 생산으로 인해 심하게 파괴된 곳의 하나다. 이곳도 산 정상부가 완전히 깎여 나갔다. 코끼리는 상아 때문에 죽는다고 하는데 자병산과 물안산은 석회와 규석 때문에 죽었다. 너무 빨리 그리고 멀리 가는 것에만 목적을 둔다면 자전거를 타면서도 아무것도 볼 수가 없다. 자전거 경주가 아닌 여행은 온몸으로 자연을 받아들이고 체험하는 과정이기도 하다. 수많은 라이더가 백복령과 화악산을 오르면서도 자병산과 물안산의 아픔에 대해 말하는 것은 별로 들어보지 못했다.

백복령 정상에서 블로그 이웃이신 갈바람 님께 연락을 드렸다. 내가 백두대간을 종주 중인 걸 알고 백복령 아래 산중 카페에서 커피 한 잔 산다고 하신 분이다. 초행이라 길도 모르고 삼척까지 가야 하기 때문에 양해를 구했으나 백복령 아래에서 기다리겠다며 저녁을 함께하자고 하신다. 갈바람 님은 생면부지의 라이더를 위해 고개 아래에서 한참을 기다리고 저녁까지 사주셨.

삼척까지 갈 수 없어진 나는 갈바람 님의 안내로 무릉계곡까지 함

무릉아트프라자에 전시된 그림들

께 라이딩을 했다. 그곳에서 우연히 든 숙소가 무릉 아트프라자 모텔이다. 미술전시관을 겸하고 있는 이곳은 관장인 김형권 화백이 운영하는 곳이다. 모텔 내부에 전시관을 갖추고 있을 뿐 아니라 복도 벽과 심지어 객실에도 그림이 걸려있다. 그림을 감상하기 위해 일부러는 전혀 찾지 않을 이곳에서 미술관을 운영하는 발상이 참신했다. 유명 관광지에서 전시관을 운영함으로써 스쳐 가는 관광객들이 미술을 접하게 하고자 함이다. 의도한 바는 아니나 갈바람 님이 아니었다면 이런 기발한 콘셉트를 접하지 못했을 것이다. 여행이란 이렇게 발 닿는 곳으로 가는 것이다.

다음 날 아침 일찍 무릉계곡을 거쳐 삼화사까지 올라가 보았다. 무

무릉아트프라자

무릉반석

릉반석이라 불리는 삼화사 아래에 펼쳐진 거대한 너럭바위는 어떤 계곡에서도 볼 수 없는 장관이다. 바위 위에는 글자깨나 쓴다는 많은 명필이 남긴 수없이 많은 글자가 음각되어 있다.

삼화사는 오대산 월정사의 말사(末寺)로서 1400년 된 고찰이다. 원래 이 절은 이곳에 자리 잡았던 것이 아니라 무릉계곡 입구의 평지에 있었다. 그런데 원래 있던 곳이 시멘트공장의 채광권으로 들어가자 권력이 부처님의 법력보다 강하던 시절인 1977년 지금의 위치로 옮겨졌다. 인간의 탐욕이 이렇게 무섭다. 하긴 수 억 년이 된 산 하나도 통째로 깎아버리는데 고작 천년 넘은 절 하나쯤 옮기는 것이 그리 대수

추암해변

추암해변의 기암괴석

이겠는가.

  무릉계곡에서 나와 원래의 목적지인 삼척까지 달려갔다. 추암해변에 이르니 바로 옆이 쏠비치 리조트 삼척이다. 푸른 바다와 하얀 해변을 바라보며 마시는 아이스 아메리카노의 맛은 산에서 마시는 맛과는 또 다르다. 이곳에서 삼척종합버스터미널까지는 멀지 않다. 원래 조금 일찍 돌아가려 했으나 탑승시각이 넉넉하게 버스표를 끊고 업힐왕 김팔용 씨가 운영하는 냉면집 옥류관을 찾아가기로 했다. 업힐왕이 운영하는 냉면집답게 터미널에서 가기 위해서는 상당히 긴 도심의 고갯길을 하나 올라야 한다.

  냉면집 옥류관에는 의외로 자전거 거치대 하나 설치되어 있지 않다. 들어가 보니 손님들로 바글바글한다. 난 물냉면과 만두 한 접시를 시켰다. 업힐왕은 울진으로 떠났다고 하고 지금은 누님이 운영한다고 한다. 업힐왕을 꼭 만나겠다고 찾아온 것은 아니지만 조금 허탈했다. 하지만 냉면 맛이 허탈함을 보상해 줬다.

  옥류관에서 불과 수백 미터

삼화사 삼층석탑

해변에서 마시는 아이스 아메리카노 한잔의 여유

떨어진 곳에 삼척온천이 있다. 승차시각에 여유가 있어 온천에 들렀다. 말은 온천인데 효능은 잘 모르겠다. 5월 말까지 운영하고 문을 닫는다고 한다. 하여튼 온천이라고 하니 그런 줄 안다. '온천법(별의별 법이 다 있다)'에 따르면 온천수란 섭씨 25도 이상의 지하수로서 인체에 유해하지 않은 목욕물을 말한다. 우리나라의 온천은 자연 용출수가 아니라 대개 지하에서 끌어올려 데운 것이다.

간단히 목욕을 마치고 버스에 탑승하니 올 때처럼 절로 눈이 감긴다. 이번 투어에서는 산과 계곡과 바다와 온천을 모두 경험했다. 이렇게 백두대간 설악산 권역에 이어 오대산 권역 종주를 마쳤다. 이제 자전거 바퀴는 태백산을 향해 굴러간다.

4구간 전체 경로

제4구간 97

자동차로 오를 수 있는
가장 높은 곳을 자전거로 오르다

▶▶▶ 제5구간 : 댓재 - 건의령 - 삼수령 - 화방재 - 만항재 - 두문동재

▶▶▶ 제5구간 : 댓재 ▶건의령 ▶삼수령 ▶화방재 ▶만항재 ▶두문동재

    지난번 백두대간 투어를 삼척종합버스터미널에서 마무리했기 때문에 이번엔 삼척을 출발, 태백 - 영월 - 정선을 거쳐 태백시외버스터미널에서 마무리하는 구간을 설계하고 장도에 올랐다.

    삼척종합터미널에 도착하니 이미 열두 시가 지났다. 점심을 먹지 않고 산을 넘을 수는 없으니 터미널 근처 중국집에서 볶음밥 한 그릇을 비웠다. 버스 안에 있을 때는 몰랐는데 오월인데도 한낮의 햇살이 뜨겁다. 이날(5월 25일) 강릉과 삼척지역은 낮 기온이 33도까지 오르기도 했으며 특히 강릉은 올해(2019년) 들어 전국에서 처음으로 열대야가 나타나기도 했다. 아직 5월인데도 이 정도면 진짜 한여름에는 자전거를 어떻게 타지라는 생각이 든다. 하지만 바람이 세서 체감 온도는 그리 높지 않다.

　삼척에서 태백으로 가려면 댓재를 넘어야 한다. 댓재에 이르려면 삼척터미널에서 약 9.6km 떨어진 하거노삼거리에서 하장 방면으로 우회전해야 한다. 그래야 백두대간로를 타고 댓재를 넘을 수 있다. 만약 하거노삼거리에서 직진하면 38번 국도를 따라 태백까지 가게 된다.

　댓재는 해발고도가 810m이지만 사실상 동해안의 해수면 근처에서부터 올라야 하기에 표고차가 상당히 크고 거리가 무척 길다. 미로면 삼거리 시작점(삼거리 마을 주산지라는 표지석이 설치되어 있다)에서 계산할 경우 업힐 거리가 10.9km에 이른다. 그 아래 도마평교 맞은편의 하

댓재 가는 길에 만난 풍경

댓재 동사면 시작점

거노리 버스정류장에서 조금 지나 나지막한 언덕길이 시작되는 지점부터 계산하면 12km를 살짝 넘는다(12.2km). 하거노리 버스정류장부터 무려 103분간이나 쉬지 않고 올랐으나 미로면 삼거리까지는 업&다운이기에 미로면 삼거리부터 본격 업힐로 친다. 미로면 삼거리부터 치면 댓재 정상까지 95분 동안 무정차로 올랐다. 조금 더 긴 구룡령 11.3km를 90동안 오른 것보다 더 결렸다.

댓재의 옛 명칭은 죽령(竹嶺)이다. 댓재는 죽령의 순수 우리말이다. 이름으로 보아 과거에는 이 길에 대나무가 많았던 것으로 짐작된다. 댓재는 삼척에서 강원도 남부 내륙을 이어주는 길이다. 태백이나 영월 방면으로 가기 위해서는 반드시 이 고개를 넘어야 했다. 고개를 오르다 보면 얼마 안 가 '댓재 옛길'이라는 표지판이 보인다. 어떤 길인지 들어가 보고도 싶었으나 오르던 길이라 안장 위에서 잠시 표지판 사진만 찍고 계속 오른다.

업힐 거리가 8km를 넘어가자 엉덩이가 아프기 시작한다. 8km라면 대부분의 백두대간 고갯길을 너끈히 오르고도 남는 거리다. 그런데도 댓재는 아직도 가야 할 길이 멀다. 덥고 심한 갈증이 났다. 하지만 무엇보다 라이더를 괴롭히는 건 엉덩이 통증이다. 이제부터는 안장통과의 싸움이다.

사실 라이딩을 위해 처음 자전거를 샀을 때만 해도 엉덩이를 보호하기 위한 자전거용 바지가 따로 있는지도 몰랐다. 오랜 친구의 권유에도 불구하고 라이딩을 늦게 시작한 것은 솔직히 엉덩이 아픔에 대한 두려움 때문이었다고 해도 그르지 않다.

십년 넘게 헬스장에서 몸을 만들었으나 엉덩이 근육, 정확히 말하면 '똥꼬'는 어떻게 단련을 해볼 도리가 없었다. 가끔 사이클 머신에 앉았다 내려오면 다음 날 틀림없이 보이는 혈변. 그동안 자전거 타지 못한 말 못 할 사정이 있었던 것이다.

그리고 예상은 적중했다. 두려움을 무릅쓰고 자전거를 산 날, 샵에서 불과 백 미터 남짓한 집까지 '똥꼬'가 아파서 도저히 자전거를 타고 갈 수가 없었다. 이미 셈을 치른 자전거를 도로 물리자고 할 수도 없고 나는 샵 주인에게 솔직히 말했다.

"저 엉덩이가 너무 아파서요."

주인은 손가락으로 우리 아파트를 가리키더니 "여기서 저기까지도 타지 못하냐?"며 "안장에 젤 패드를 얹어 보라"고 권했다.

자전거 바지가 있다는 걸 알려준 건 라이딩을 권한 친구다. 그런데 자전거 바지라는 게 완전 쫄바지라 저걸 어떻게 입고 다니나 싶었다. 그래서 처음에는 소심하게 일명 속바지라고 하는 패드 팬츠를 샀다.

하지만 그게 다가 아니었다. 패드 팬츠를 착용할 경우 겉에는 또 뭘 입어야 한다는 말인가. 그래서 다시 산 게 9부 바지였다. 긴바지를 산 이유는 그래도 반바지보다 좀 덜 민망할 것 같아서였다.

9부 바지를 입고 서울 옥수역에서 경기도 양평역까지 처음 장거리를 나선 날, 날 괴롭힌 것은 의외로 패드가 든든히 지켜주는 '똥꼬'가 아니라 헬스장에서 십년 단련했다고 자랑했던 대퇴부 근육이었다.

친구는 날 위로한답시고 긴바지라 원활하게 근육을 사용하지 못해서 그럴 수도 있다고 말해주었다. 옳거나 그르거나 난 다음 날 바로 5부 바지를 샀다. 그리고 한동안 9부 바지는 입지 않았다.

바지가 짧아서 그런지 이후 근육이 뒤틀리는 현상도 많아 나아졌으며, '똥꼬'도 단련되어 갔다. 그런데 그만 댓재에서 엉덩이 통증이 재발한 것이다.

댓재 표지석

엉덩이를 들었다가 앉길 반복한다. 얼마나 버틸 수 있을까. 그런데 왜 아직 정상은 보이지 않는 건지, 고비가 왜 고비인 줄 알겠다. 아마도 구부러진 곳을 의미하는 '굽이'가 변형된 낱말일 것이다. 저 고비를 넘어도 정상이 보이

지 않으면 안장에서 내려야겠다는 생각이 들 무렵 거대한 비석이 모습을 드러낸다. 바로 댓재 표지석이다. 백두대간 댓재라고 쓰인 표지석 뒷면에는 "구름도 나그네와 함께 쉬었다 가네"라고 읊은 정일남 시인의 시가 새겨져 있다.

정상의 댓재휴게소는 겉보기에는 거의 문 닫은 수준이다. 갈증이 심하게 나 음료라도 마시고 싶었으나 실망감이 밀려올 무렵 가까이 다가가 보니 다행히 가게 문이 열려 있다. 고갯길의 휴게소는 사막의 오아시스와도 같다. 휴게소나 민박집이 있는 자리에 옛날이라면 주막이 차지하고 있었을 것이다.

휴게소에서 캔 음료와 물을 많이 마시고 다시 안장에 올라 반대 방향으로 내려간다. 내리막은 1km 남짓으로 짧다. 짧은 내리막을 지나면 거의 평평한 길이 이어진다. 반대편에서 오르는 길은 평탄하다는 말이다. 댓재 역시 동고서저의 지형을 만든 경동성 요곡 운동이 단적으로 나타난 곳이다.

댓재를 지나 이제 자전거는 건의령으로 향한다. 건의령은 태백으로 가는 길목에 자리하고 있다. 건의령은 삼척에서 내륙을 이어주는 짧은 고갯길로 지금은 터널이 관통한다. 건의령은 태백·영월 방면과 삼척(도계)이 갈라지는 상사미교차로에서 거의 유턴을 하듯 좌회전해서 가파른 언덕길을 올라야 한다.

그런데 업힐 구간이 겨우 800m 정도로 무척 짧다. 난 터널 입구까

상사미교차로 (건의령 터널로 가려면 여기서 좌회전해야 한다)

지만 오른 뒤 되돌아 내려와 태백을 향해 페달 질을 했다. 이 구간을 백두대간 종주 길에 포함해야 하는지는 의문이다. 만약 터널을 통과하면 어떻게 되나? 38번 국도로 접어들어 삼척으로 가든지 태백으로 향하게 될 것이다.

  그런데 이 경우 삼수령(피재)을 지날 수 없다. 상사미교차로에서 약 5.6km 떨어진 삼수령은 창죽교차로에서 옛길 방면으로 올라간다. 옛길을 따라 약 1.4km를 오르면 정상이다. 이곳은 한강·낙동강·오십천의 발원지로 삼수령에 떨어진 빗방울이 서쪽으로 흐르면 한강을 이루어 서해로 남쪽으로 흐르면 낙동강을 이루어 남해로 동쪽으로 흐르면 오십천을 따라 동해로 흘러간다고 한다. 그래서 이름이 삼수령(三水

1 창죽교차로 2 삼수령표지석
3 삼수령 조형물 4 삼수령 정상

嶺)이다. 해발고도는 920m다.

나는 삼수령 정상에서 페트병에 담긴 물을 뿌려 보았다. 내가 뿌린 물은 한강으로 흘러갈 것인가. 낙동강으로 흘러갈 것인가. 동해로 흐를 것인가. 삼수령은 피재라고도 하는데 피재는 난을 피하는 고개라는 뜻이다. 난리가 발생하면 삼척인들은 이 고개를 넘어 내륙으로 숨어들곤 했다.

삼수령 정상에서 태백까지는 7km 가까이 되는 내리막이다. 반대편으로 오르려면 7km 업힐이라는 말이 되겠다. 댓재와 건의령과 삼수령을 넘어 태백시외버스터미널에 도착함으로써 첫날의 목표를 이루었다.

숙소를 잡고 피로를 풀기 위해 인근 목욕탕을 찾았으나 문을 닫았다고 한다. 모텔 건물에 붙어 있는 식당에서 국밥으로 저녁을 먹고 다방에서 아이스커피 한 잔을 마셨다. 이 지역은 아직도 다방이 있는 곳이다. 아무리 시골 다방이라도 어지간하면 아메리카노가 나올 줄 알았는데 인스턴트커피에 크림과 설탕을 듬뿍 탄 말 그대로 다방 커피다. 커피 한잔을 얼른 마시고 태백역을 중심으로 걸어서 시내를 한 바퀴 돌았다.

다음 날 일찍 눈을 떴다. 류현진 선수가 선발등판 하는 메이저리그 LA 다저스 vs 피츠버그 파이어리츠의 경기가 있는 날이지만 피츠버그 현지 사정으로 경기가 지연되어 모텔을 나설 때까지 야구 방송을

함태중학교 삼거리 (화방재 방면은 우회전)

볼 수가 없었다.

화방재를 지나 만항재에 오르고 두문동재를 거쳐 다시 태백 시내로 돌아오는 게 이날의 라이딩 목표다. 아침부터 햇살에 눈이 부시다.

태백터미널에서 화방재에 가기 위해서는 시청을 지나 함태중학교 삼거리에서 영월 방면으로 우회전해야 한다. 약 14km 정도지만 업힐 구간은 약 3.8km 수준이다. 업힐 구간의 시작은 사내골 버스 정류소부터다. 하지만 평속 10km 이상이 나오는 약 업힐이라 큰 의미를 부여하긴 어렵다. 아무튼 사내골 버스 정류소부터 화방재까지 3.8km를 22분 만에 올랐다.

화방재는 반대편 즉 만항재로부터 내려와도 만날 수 있는 곳으로 이 경우 백두대간 고개를 지났다고 말하기 어렵다.

그러나 태백이나 영월 방면에서는 약하나마 업힐을 해야 한다. 나는 화방재가 두 번째인데 지난번에는 만항재에서 태백 방면으로 내려오면서 지나갔다. 화방재는 만항재로 오르는 길목이기도 하지만 태백과 영월을 잇는 통로로 당당히 백두대간을 통과하고 있다.

 어평재 휴게소(어평재는 화방재의 다른 명칭)에서 잠시 꿀맛 같은 휴식을 취하고 전열을 가다듬어 만항재로 오른다. 우리나라에서 자동차와 자전거로 오를 수 있는 가장 높은 곳(1,330m)인 만항재는 함백산(1,573m)의 어깨 길이다. 만항재는 영월 방면에서 오르든 태백 방면에서 오르든 화방재를 통과해서 올라야 한다. 반대편으로는 정선 쪽에서 오를 수도 있으며 태백과 정선 사이에 있는 O2리조트를 지나 오를 수도 있다. 난 지난번에는 O2리조트를 지나서 올랐는데 이 길은

1 화방재 정상 (만항재 남사면의 시작점이다)
2 화방재 동사면 시작점
3 어평재 휴게소 (어평재는 화방재의 다른 이름이다)

국가대표 고산 훈련소인 태백선수촌으로 가는 길로 무척 가파르다.

화방재에서 만항재 정상까지는 8.6km의 긴 업힐이다. 하지만 본격 업힐은 장산콘도 지나 영월군 상동읍 구래리와 정선군 고한읍이 갈리는 이정표가 있는 지점부터다. 완만

만항재(고한읍 방면) 남사면 급경사 시작점

하던 경사는 이 지점부터 급격하게 가팔라지는데 정상까지의 거리는 약 3.5km다. 난 화방재부터 만항재까지 8.6km를 약 52분에 걸쳐 올랐는데 전체 구간의 40% 정도인 이정표부터 만항재 정상까지 3.5km에 30분이나 걸렸다. 이 정도면 이정표부터 정상까지는 미시령 서사면과 비슷한 수준의 거리와 경사라 말할 수 있다.

말한 바와 같이 만항재는 우리나라에서 자동차와 자전거로 오를 수 있는 가장 높은 곳이며 백두대간 고갯길 가운데도 가장 높다. 원래는 함백산이 자전거로 오를 수 있는 가장 높은 곳이었다고 하는데 지금은 만항재 아래 함백산 등산로 입구에 철제문이 설치되어 자전거로도 오를 수 없다. 그래도 함백산 정상에 오르고 싶다면 다른 등산로를 통해 자전거를 들고 올라야만 할 것이다. 하지만 이렇게 오르는 게 무슨 의미가 있겠는가.

우리 민족 고유의 지리 인식 체계인 백두대간이 새롭게 주목을 받

으면서 백두산부터 지리산까지 한 번도 끊어지지 않고 이어졌다는 백두대간을 능선을 타고 도보로 종주하는 일은 등산객들에게 이제 낯선 일이 아니며 요 몇 년 새 자전거를 타고 백두대간을 통과하는 고개를 넘나드는 라이더들도 속출하고 있다.

백두대간 고갯길은 원래 한반도의 동과 서를 잇는 통로로 대한민국의 주요 고갯길은 지금은 포장되어 자동차도로가 되었다. 자전거로 백두대간을 종주한다고 함은 바로 이 자동차도로를 넘나들면서 주변부를 돌아 매우 비효율적으로 남진 혹은 북진하는 일을 말한다. 물론 상식적으로는 절대 이런 식으로 백두대간을 종주해야 할 일은 없다.

그런데 길이 폐쇄되었거나 터널이 뚫려 자전거를 타고 넘을 수 없는 고갯길이 많아 자전거를 타고 백두대간의 모든 고갯길을 넘어 종주하는 일은 원천적으로 불가능한 일이 되어버렸다. 자주 하는 말이

만항재 표지석

지만 자전거는 자전거로 갈 수 있는 곳을 가야 한다. 백두대간도 자전거로 갈 수 있는 길로 넘는 것이 옳다.

우리나라에서 자동차로 오를 수 있는 가장 높은 곳에서 잠시 쉬고 올라온 반대쪽인 정선 방면으로 내려간다. 만항재 정상에서 상갈래교차로까지 8km의 길고 가파른 다운힐이 이어진다. 하지만 두문동재 시작점이기도 상갈래교차로에는 만항재까지의 거리가 겨우 5km로 표기되어 있다.

두문동재 표지석

상갈래교차로에서 두문동재까지는 약 6.8km다. 그런데 두문동재 정상에 이르기 위해서는 상갈래교차로에서 약 3.7km 정도 지난 지점에 있는 두문동재삼거리에서 옛길로 우회해야 한다. 직진하면 두문동재 터널 입구다. 상갈래교차로에서 두문동재까지는 매우 힘든 업힐이다. 과연 고려의 유신들이 세상을 등지고 숨어들 만한 곳이다. 하지만 나에게는 그저 힘든 업힐 구간일 뿐이다. 고려의 유신들은 어찌 이다지도 깊은 곳으로 들어왔다는 말이냐.

두문동은 원래 경기도 개풍군 광덕산 서쪽 골짜기에 있는 곳이다. 그런데 강원도 정선 땅의 이곳을 두문동재라 부르는 데에는 다음과 같은 전설이 전한다.

두문동재 내리막 (길 전체가 일방통행로다)

경기도 두문동에 살던 고려 유신 일부가 삼척으로 유배된 공양왕을 뵙기 위해 길을 나섰다가 태백의 건의령에 이르렀을 때 공양왕이 살해되었다는 소식을 듣고 높고 험한 이곳으로 들어와 터전을 잡았다. 그 후로 사람들이 이곳을 두문동재라 부르기 시작했다.

이번 백두대간 구간의 마지막 업힐을 71분 만에 올랐다. 이 가운데 두문동재삼거리부터 시작하는 옛길 구간 3.1km를 오르는데 31분 걸렸다.

이로써 백두대간을 통과하는 1천 미터 이상의 일곱 고개를 모두 오르게 되었다. (만항재〈1,330m〉- 두문동재〈1,268m〉- 정령치〈1,172m〉- 성삼재〈1,102m〉- 안반데기〈1,100m〉- 운두령〈1,089m〉- 구룡령〈1,013m〉: 이상 해발고도 순. 자료에 따라 해발고도에 다소 차이가 있을 수 있음.)

두문동재는 반드시 정선 쪽에서 올라서 태백 방면으로 내려가야 한다. 일방통행로이기 때문이다. 그런데 길이 이상하다. 두문동재삼거리까지는 왕복 5차선으로 매우 넓은데 이는 두문동재 터널로 진입하는 길이 3차로이며 터널에서 나오는 길(내려오는 길)이 2차로이기 때문이다. 두문동재삼거리에서 갈라지는 옛길은 태백으로 올라가는 방향만 있는 편도인데 정상에서 내려가는 길은 편도임에도 길 가운데에 노란 선이 그어져 있어 편도인지 왕복인지 무척 헷갈린다.

네이버 지도에 따르면 내려오는 길에 내리막인지 오르막인지 헷갈리는 '도깨비 도로'가 있다고 하는데 백복령 가기 전의 갈고개 앞에서 만난 도깨비 고개를 지날 때처럼 신비한 경험을 하지 못했다. 네이버 지도와 달리 그냥 쭉 내리막이다. 이 길은 오르막과 내리막이 헷갈려서 도깨비 도로가 아니라 진행 방향과 역방향이 헷갈리는 도깨비 도로다.

나는 여행을 떠나기 전에 백두대간을 수차례 종주하신 문성화 님으로부터 이 길에 대한 정보를 입수해서 헷갈리진 않았다. 만약 문성화 님의 정보가 아니었더라면 무척 헷갈릴 뻔했다. 기억하자, 두문동재는 반드시 고한 쪽에서 올라 태백 방면으로 내려가야만 한다.

다시 터미널 근처에 이르렀다. '황지(黃池)' 가는 곳의 안내판이 보인다. 황지는 천 삼백 리 낙동강 물줄기의 발원지다. 낙동강이 이곳에 있는 조그만 연못에서 시작되는 것이다. 황지에는 다음과 같은 전설이 내려온다.

옛날 옛적에 황씨 성을 가진 큰 부자가 살았는데 어느 날 스님이 시주를 청하자 쇠똥을 퍼주었다. 이를 보고 깜짝 놀란 며느리가 시아버지 몰래 쌀 한 바가지를 퍼주었으나 스님은 이 집의 운수가 다했으니

낙동강 발원지 황지

자신을 따라나서되 무슨 일이 있더라도 뒤를 돌아보지 말라고 말했다. 하지만 아이를 업은 며느리는 삼척에 이르러 갑자기 뇌성벽력 치는 소리가 들리자 뒤를 돌아보게 되었고 그 순간 돌로 변하고 말았다. 지금도 삼척시 도계읍 구사리 산마루에는 아기를 업은 채 화석으로 변한 여인의 상과 따라나섰다가 역시 돌로 변한 강아지 상이 있다고 한다. 한편 뇌성벽력이 치는 순간 황부자 집은 그만 땅으로 꺼져버리고 그 자리에 연못이 생겨났는데 그래서 이 연못을 '황지(黃池)'라 부른다.

황지는 상지와 중지, 하지로 나뉘는데 상지는 황부자의 집터, 중지는 방앗간 자리, 하지는 변소였다고 전해진다. 상지에는 깊이를 알 수 없는 수굴이 있어 하루에 5천 톤의 물이 용출된다고 하는데 바로 이 물이 남해까지 흘러 들어간다.

버스 탑승시각을 기다리며 커피 한잔하고 있는데 택시기사들이 모여 있다. 나와 자전거를 보더니 "어디서 오는 길이냐?"고 묻는

황부잣집 며느리와 강아지

황지

다. 내가 "이곳에서 출발해 만항재와 두문동재를 거쳐 돌아오는 길"이라고 하니 깜짝 놀라면서 "거긴 길도 멀고 가파른 곳인데 어떻게 자전거를 타고 다녀왔느냐?"고 묻는다.

자전거를 타는 사람과 타지 않는 사람은 거리에 대한 감각이 다르다. 아마도 업&다운이 심한 태백지역은 자전거 문화가 발달하지 않은 것 같다. 실제로 길에서 생활용 자전거라도 타는 사람들도 보기 어렵다.

이로써 삼척 – 태백 – 영월 – 고한을 거쳐 다시 태백까지 백두대간 태백산 권역을 종주했다. 이제 자전거는 소백산 권으로 향한다.

5구간 전체 경로

퍼펙트게임이 깨지다!

▶▶▶ 제6구간 : 내리고개 - 우구치 - 도래기재 - 주실령 - 마구령

▶▶▶ 제6구간 : 내리고개▶우구치▶도래기재▶주실령▶마구령

   지난 종주 라이딩을 태백시에서 마쳤기 때문에 고양시에서 이른 새벽에 태백행 버스에 올랐다. 이번 라이딩으로 백두대간 강원도 구간에서 경상도 구간으로 이동하게 된다. 라이딩의 목표는 강원도 태백시를 출발해서 경상북도 영주까지 가는 것이다. 중간에 영월군과 봉화군을 거쳐 내리고개 - 도래기재 - 주실령 - 마구령 - 고치령 등을 지날 예정이다.

   태백에서 영월로 가기 위해서는 지난 라이딩 때 지났던 화방재까지 다시 가야 한다. 지난번에 화방재 - 만항재 - 두문동재 등 태백시 외곽을 감싸고 있는 고개들을 한 바퀴 돌아 태백시외버스터미널에서 마쳤기 때문이다.

'어서오시게', 김삿갓 조형물

하지만 화방재는 이번 라이딩의 목표가 아니다. 화방재는 강원도 태백과 영월을 이어주는 고갯길이자 만항재로 오르는 입구이기도 하다. 백두대간의 능선에 자리 잡고 있어서 당당히 백두대간 고갯길에 이름을 올리고 있으나 만항재에서 내려올 때는 그저 지나치는 길목일 뿐이다.

화방재를 지나면 곧 영월군 상동읍이다. 옥으로 조각했다는 김삿갓 조형물이 라이더를 반겨준다. 영월군에는 아예 '김삿갓면'이 있다. 그렇다. 바로 방랑시인 난고(蘭皐) 김병연의 별칭인 그 김삿갓 말이다.

김병연(1807~1863)은 경기도 양주 출신이다. 안동 김씨로서 당시 세도가이던 김병기 등과 같은 항렬이다. 당당한 양반 가문의 후손인 그가 어쩌다가 방랑 시인이 되었을까. 그리고 영월과 어떤 인연이 있기에 영월군에서는 이처럼 그를 기리는 것일까.

김병연의 조부는 김익순으로 홍경래의 난 때 선천부사를 지낸 인물이다. 김익순은 난이 발생하자 곧 홍경래에게 항복하여 목숨을 구걸했는데 이후 사실이 알려지며 처형당하고 말았다. 그런데 김익순의 죄가 알려진 과정이 흥미롭다. 반란군에게 항복하여 목숨을 건진 김익순은 얼마 못 가 정부군에 의해 반란군이 토벌되자 이번엔 공을 세우기 위해 한 농민에게 일러 반란군의 수괴 가운데 한 사람이던 김창시의 목을 가져오게 했다. 농민은 김익순에게 김창시의 목을 가져다 바쳤으나 김익순은 약속했던 사례를 하지 않았다. 이에 농민이 조정에 이 사실을 고변함으로써 김익순의 죄상이 낱낱이 밝혀지고 만다. 결국에 그의 가문은 멸문에 이르게 되어 어린 김병연은 이곳저곳을 옮겨 다니며 성장했다. 훗날 연좌제에서 벗어나 향시에 응시하는데 그가 향시를 치른 고장이 바로 영월이다.

향시에서 김병연은 장원을 차지한다. 그런데 시제가 하필 김익순의 죄를 논하는 것이었다. 김익순이 자신의 할아버지라는 사실을 까맣게 모르고 성장한 김병연은 "임금 앞에 꿇어 엎드리던 무릎으로 서쪽의 흉적을 향해 꿇었느냐?"며 필봉을 휘둘러 마음껏 김익순을 조롱해 주었다. 나중에 어머니로부터 김익순이 자신의 조

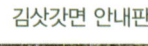

김삿갓면 안내판

부라는 사실을 들은 김병연은 이후 하늘 보기가 부끄럽다며 삿갓을 쓰고 다녔다. 이곳저곳을 방랑하던 김병연은 57세의 나이에 전라남도 화순에서 객사했다. 영월에 있는 그의 묘는 훗날 이장한 것이다.

상동읍을 지나 중동면까지 약 30킬로는 대체로 가벼운 다운힐이다. 이는 영월에서 화방재를 오른다면 쉽지 않을 것이라는 말과 같다.

중동면에서 내리고개로 가기 전에 마을 슈퍼에서 물과 음료를 보충했다. 주인에게 봉화군 춘양면 방면으로 가는 길을 묻자 험한 곳인데 어떻게 갈 거냐고 되묻는다. 난 그래서 가는 것이라고 말하고는 슈퍼를 나섰다.

왜 자전거를 타는가? 아니 나는 자전거를 타고 왜 백두대간을 넘어 다니는가.

사실 주변에서 흔히 하는 말 가운데 하나는 그 나이에 골프나 치지, 무슨 자전거냐는 것이다. 특히 작년에 지리산 정령치에서 내려오다 무릎에 피부 이식수술을 받을 정도로 크게 다친 이후 사람들은 그것 보라는 듯 한결같이 자전거는 위험하다며 골프나 치자고 한다.

나이가 들어 직급이 올라가면서 주변에서 골프 치라는 얘기를 귀가 따갑게 들었고 못 이기는 척 어울려 치기도 했다. 간혹 소질 있다는 말도 들었지만 정작 나 자신은 좀처럼 흥미를 느끼지 못했다. 우선 골프는 시간이 너무 많이 든다. 새벽에 일어나서 골프장 가는 길이 마치 소풍 갈 때처럼 흥분된다는 사람들도 여럿 봤지만 좋은 티오프 시각에 맞추기 위해 주말 새벽에 일어나는 일은 고역이었다.

게다가 장비값 등은 빼고 라운딩 비용만 치더라도 그린피·캐디피·카트비, 여기에 기름값까지 포함하면 주말 라운딩에 삼십 언저리는 족히 깨진다. 가령 100타를 친다고 하면 공 한번 때릴 때마다 삼천원이라는 얘기다. 접대하거나 받는 경우라면 사비가 들어갈 일은 많지 않겠지만 어쨌든 나는 시간과 비용 특히 운동 효과의 측면에서 골프는 권유하지 않는다.

반면 라이딩의 경우, 무엇보다 근지구력과 심폐기능 강화 등 체력에 미치는 영향이 매우 크다. 쉰이 넘어 안장에 오른 나는 처음에 학교 운동장을 돌며 중심 잡기부터 시작했다. 그렇게 학교 운동장에서 중심을 잡기 시작한 지 한 달 만에 라이더의 성지라는 미시령 등정에 나섰다. 오십이 넘은 나이로는 누구보다 건강하다고 생각하고 있었기에 도전해 볼 생각을 한 것이다.

하지만 짧은 미시령 서사면을 오르면서 그날 몇 차례나 지옥을 경험했다. 그러던 내가 일 년도 지나지 않아 백두대간 이곳저곳을 찾아다니게 되었으니 라이딩이 체력강화에 미치는 효과는 확실하다. 도대체 어떤 운동을 하면 일 년 안에 자전거를 타고 백두대간을 오를 수가 있겠는가.

정신력과 인내력 강화도 빼놓을 수 없다. 길면 거리로 10km를 넘는 높다란 백두대간 고갯길을 오르면서 그것이 어렵지 않다고 하면 사실이 아니다. 자전거는 그 이름과 달리 업힐에서는 전혀 자전거(自轉車)가 아니다. 가벼워도 십 킬로는 되는 철마에 앉아 십 킬로 거리의 산을 오르는 일은 숨이 끊어질 것 같은 극한의 고통을 수반하기도 한다. 따라서 자전거를 타고 산을 오르면 체력은 물론 정신력과 인내력이 강해진다. "나 자전거로 백두대간을 오르는 사람이야!"라는 이 말이 요즘의 나를 정의한다.

비용 측면에서 자전거 라이딩은 기적이다. 가령 만원으로 할 수 있는 일을 생각해 보자. 얼른 떠오르는 것이 없다.

오래 전 한 TV 프로그램에서 유명한 연예인들이 만원으로 일주일 버티기에 도전한 적도 있으나 종방한 지 꽤 시간이 흐른 지금 솔직히 만원으로 할 수 있는 일은 많지 않다. 평소에 점심 먹고 싸구려 커피 한잔 겨우 마실 수 있으려나. 행복에 가격은 없겠지만 단돈 만 원으로 행복을 살 수 있다면 이보다 더 행복할 수는 없을 것이다.

어쨌든 라이딩을 시작하면서 생활에 많은 변화가 생겼다. 주중엔 라이딩 계획을 세우고 주말에는 그것을 실천하려 노력한다. 멀리 나가는 것이 아니라면 충분히 자고 일어나서 여유 있게 라이딩을 즐길 수 있다. 주말에 팔당까지 달려 점심을 먹고 양수역에서 커피 한잔하면 만원 언저리다. 만 원의 행복도 이런 행복이 없다. 뭘 먹고 마시느냐에 따라 만 원보다 더 들어갈 수도 있지만 그래도 라이딩은 중년의 놀이치고는 꽤 저렴하게 즐길 수 있는 괜찮은 놈이다. 게다가 자전거를 타면서 경험한 국토의 속살은 자동차로 여행할 때는 느낄 수 없는 것이다.

세계적인 자전거 생산업체인 대만 자이언트 자전거의 킹 리우 회장은 이렇게 말했다.

"걷는 것은 너무 느리고 자동차는 너무 빠르다. 자전거를 타야 삶의 아름다운 순간을 포착할 수 있다."

그가 말한 삶의 아름다운 순간이란 자연의 아름다움을 체험하는 순간일 것이다. 문화적 체험은 덤이다. 산간지역 오지를 여행하고 그곳의 문화를 체험하는 일은 자전거 여행의 또 다른 매력이다. 따라서 난 오직 운동이 목적이라면 모를까 자전거를 타고 그저 말처럼 달리기만 하는 일은 지양한다.

자전거를 타면서 자유를 느끼고 백두대간을 오르면서 살아있음을 증명한다. 이것이 내가 자전거를 타고 백두대간을 넘어 다니는 이유다.

백두대간을 타고 태백에서 영월과 봉화를 거쳐 영주에 이르는 길은 전형적인 지그재그 코스다. 백두대간 자전거 종주는 백두대간의 능선을 타고 걷는 도보 종주와 달리 주변부를 돌아 고갯길을 지그재그로 오르내리는 일인데 이 구간이 전형적인 지그재그 구간에 속한다.

영월군 중동면에서 봉화군 춘양면 방향으로 가기 위해서는 중동교 차로에서 고씨동굴 방면으로 우회전 후 녹전삼거리에서 좌회전해야 한다. 이후 계곡을 지나면 제법 큰 고개가 버티고 있는데 바로 첫째

첫째 내리고개 정상   둘째 내리고개 정상

내리고개다. 영월에서 봉화 방면으로 오르는 첫째 내리고개는 업힐 거리 약 3.6km로서 미시령 서사면과 거의 비슷하다. 32분 만에 이 고개 정상에 올랐으니 경사도 비슷한 수준이라 할 것이다.

  하지만 이 고개 정상에는 그 흔한 표지석은커녕 고개 정상임을 알리는 표지판조차 설치되어 있지 않다. 표지판은 있으나 첫째 내리고개 정상이라는 안내 문구가 없는 것이다. 상당한 거리와 경사에도 불구하고 사실 첫째 내리고개는 하나의 독립된 고개라기보다는 영월에서 봉화를 잇는 약 14km의 고갯길 일부라고 보는 편이 적확할 듯하다. 그렇다고 해서 첫째 내리고개를 백두대간 고개에서 제외하는 것은 형평에 맞지 않다고 본다. 우선 백두대간 능선을 가로지르고 있는

데다가 멋진 표지석을 가진 이름난 백두대간 고개 가운데도 업힐 거리나 경사 등에 있어 첫째 내리고개에 비해 훨씬 초라한 곳들이 있기 때문이다.

 첫째 내리고개 정상에서 살짝 내려가면 다시 업힐이 시작되는데 바로 둘째 내리고개다. 첫째 내리고개를 내려와 둘째 내리고개로 오르는 길의 거리는 약 2.2km이며 22분 만에 올랐다. 이 고개는 봉화 방면으로 내려가는 길의 경사면이 약 3.4km로서 훨씬 길다. 마치 낙타 등처럼 연결된 첫째 내리고개와 둘째 내리고개는 정상과 정상 사이의 간격을 고려하면 두 개의 고개라기보다 하나의 고개로 보는 편이 옳다. 첫째 내리고개 정상에서 겨우 650m 정도만 내려가면 둘째 내리고개의 업힐이 시작되는데 고갯길 중간에 이 정도 거리의 내리막이나 평길이 나오는 경우는 흔하기 때문이다. 두 고개를 하나의 고개로 간

음향역사박물관

음향역사박물관 조형물　　　　　　음향역사박물관의 전시물들

주한다면 영월에서 봉화 방면의 내리고개 업힐 거리는 6km 정도다. 거리나 경사로 봤을 때 결코 홀대할 고갯길은 아닌 셈이다.

　둘째 내리고개에서 내려오면 봉화로 들어가기에 앞서 왼편에 음향역사박물관이 있다. 이런 산골에 음향역사박물관이 있다는 사실이 놀랍기도 해서 자전거에서 내려 들어가 보았다.

　박물관은 원래 옥동초등학교 조제분교장으로서 폐 교사를 사용하고 있다. 이 박물관에는 7~80년대만 하더라도 흔하던 트랜지스터라디오부터 축음기·녹음기·턴테이블·스피커 등과 오래된 진공관 전축 등 다양한 음향기기가 전시되어 있다.

　박물관을 운영하는 정춘수 관장이 직장 생활을 할 때 틈틈이 수집한 음향기기들이라고 한다. 먹고 살기 어렵던 시절 이모부가 선물한

'잘 가시게', 김삿갓 조형물

트랜지스터라디오가 계기가 되어 음향기기에 관심을 가지기 시작했다는 정 관장은 아내 몰래 수집하느라 수집품들을 지인의 집에 맡겨 둔 적도 있었다며 지금은 서울에서 골동품상도 운영하고 있다고 한다. 영월은 과연 '라디오 스타'의 고장이다. 박물관에는 음향기기 외에 십이지상 등 조각상들도 전시되어 있다.

박물관에서 조금 더 진행하면 경상북도 봉화군 춘양면이다. 이번엔 김삿갓 조형물이 '바이바이'를 한다. 아마도 영월군은 영월로 들어오고 나가는 모든 곳에 김삿갓 조형물을 세워 둔 것 같다.

봉화 땅으로 접어들자 갑자기 길 폭이 좁아지며 다시 업힐 시작이다. 우구치(牛口峙), 소의 입 모양을 닮은 고개라는 말인데 아무리 생각해봐도 고개가 어떻게 생겨야 소의 입을 닮는지 알 수가 없다. 소의 입을 닮아서가 아니라 아마 소 한 마리가 겨우 들어갈 정도의 좁은 길목이라는 뜻이 아닐까 생각해 보았다.

우구치는 백두대간 고갯길이라고 부르기에 민망할 정도로 짧다. 그래도 경상북도 봉화와 강원도 영월을 이어주며 당당히 백두대간의 능선을 가로지르고 있으니 아무리 짧아도 백두대간의 고갯길에 포함하는 편이 옳다고 본다. 우구치에서 내려와 3킬로 남짓 달리면 다시 고갯길이 나타나는데 바로 도래기재다.

춘양면 서벽리 방면으로 가는 도래기재는 약 1.7km의 짧은 업힐이고, 반대 방향은 3.1km 수준이다. 업힐 거리가 짧지만 15분 정도 걸렸으니 경사는 만만한 편이 아니라 할 것이다. 이렇게 내리고개와 우구치 그리고 도래기재를 모두 넘으면 춘양면 서벽리다. 마을의 이름이 서벽(西壁)인 까닭은 이처럼 험하고 높다란 고개들이 서쪽의 영월군 김삿갓면과 봉화군 춘양면을 잇는 88번 도로 위로 겹겹이 솟아 있기 때문이다.

백두대간 수목원이 있는 서벽리에 이르러 고민을 시작했다. 원래 이날의 라이딩 계획은 서벽을 지나 주실령을 넘어 마구령 아래 영주시 부석면까지 가서 숙박하는 거였다. 그러려면 20여 킬로를 더 달려야 했다. 하지만 초행에 영월에서 봉화로 오는 길에 거푸 고개를 넘느라 계획보다 시간도 많이 지체되고 체력적으로도 지쳐 적당한 숙박업소가 있으면 서벽에서 하루 지내고 다음 날 일찍 주실령과 마구령과 고치령을 오르기로 했다.

다행히 서벽삼거리에서 멀지 않은 곳에서 펜션을 발견했다. 주인은 독채라며 별채를 내어주었

1 우구치 입구 **2** 도래기재 정상

으나 관리 상태가 좋지 않았다. 그러나 샤워하고 눈만 붙인다는 생각으로 모텔 숙박요금을 주고 투숙했다.

펜션 주인이 소개한 식당으로 갔더니 펜션 주인이 운영하는 곳이었다. 제육볶음으로 저녁을 배불리 먹고 다시 펜션에 들어 샤워하고 TV를 켰다. 평소 즐겨 보는 [나는 자연인이다]만 계속 방영하는 채널을 발견하곤 고정했다.

자연인들의 공통점은 대체로 경제적 위기를 겪고 사람들에게 상처를 주거나 받는 과정에서 건강을 잃었다는 점이다. 그들은 몸과 마음의 상처를 치유하기 위해 돈 냄새가 나지 않는 깊은 산 속에서 살아간다. 물론 TV에 비친 모습이 다는 아니겠지만 한 가지 분명한 사실은 사람이 자연에 머물 때 자연의 일부분으로 동화된다는 것이다. 자연에는 인간의 고민이 없으며 모든 것은 그저 자연의 한 부분이다. 따라서 자연 속에서 인간이 입은 몸과 마음의 상처가 치유되는 건 자연스러운 현상이다. 비록 주말(그것도 매주는 아니지만)에만 자연을 찾아 떠나는 라이딩이라 할지라도 짧은 시간이나마 대자연을 달리며 나도 자연과 하나가 되어 본다.

춥다. 밖에 나가기가 싫다. 6월의 추위라니. 류현진이 등판한 메이저리그 LA다저스와 콜로라도 로키스의 야구 경기도 보며 게으름을 피우다가 오전 열 시가 다 되어 라이딩을 시작했다. 이날의 목표는 주실령과 마구령, 고치령을 넘어 영주종합터미널까지 가는 것이다.

1 주실령 경사 안내판
2 주실령 표지판

주실령은 봉화군 춘양면과 물야면을 이어주는 고개로 서벽에서 출발할 경우 약 4.6km이며 오전약수터 입구에서 끝난다. 반대쪽인 오전약수터 입구에서 출발하면 정상까지 약 3.1km다. 4.6km를 36분 만에 올랐으니 업힐 거리는 이화령보다 짧으나 경사는 세다고 하겠다. 반대 방향은 짧아도 상당히 급경사다.

오전 약수는 탄산약수로 톡 쏘는 녹물 맛이 난다. 조선 시대에 약수 대회에서 1위를 차지했다고 하는데 믿기는 어렵다. 위장병에 좋다고 한다. 철분 때문에 약수터 주변이 온통 벌겋다.

1 오전약수 관광지의 보부상 조각상
2 오전약수

약수터를 지나 부석면으로 향한다. 부석회전교차로에서 우회전해야 마구령 오르는 길인데 길치답게 그만 직진을 했다가 되돌아 나와 좌회전을 했다. 네비게이션을 보고도 헤매야 진정한 길치라던데 내가 딱 그렇다. 그러니 남들은 세 시간이면 갈 길을 네 시간이 걸리며 항상 지도상의 거리보다 더 긴 거리를 달린다.

마구령은 이름이 알려진 것만 예순 개가 넘는 백두대간 고개 가운데 경사가 가장 센 고개로 알려져 있다. 그런데 노폭이 좁아 차량 두 대가 지나가기도 어렵다. 맞은편에서 차가 내려오거나 올라올 때는 절벽 가에 차를 붙이고 기다려야 한다. 경상북도 영주와 충청북도 단양 그리고 강원도 영월을 잇는 이 길은 그럼에도 불구하고 차량 왕래가 뜸하지 않다.

도대체 평균 경사 10%, 일부 구간의 경사는 20%가 넘는 이 좁은 길에 차량 왕래를 허용하고 있는 영주시는 무슨 생각인지 모르겠다. 마구령 아래는 도로 정비 공사 중인데 공사가 정상까지 확장될지는 모르겠다. 아마 도로를 넓히고 경사면을 깎아 낸다면 영주에서 단양 방면으로 오르는 마구령은 지금과 많이 다른 모습으로 재탄생할 것이다.

부석회전교차로에 있는 카페에서 아이스 아메리카노로 목을 축이고 마구령 등정에 나섰다. 이곳에서 약 2km 가까이 직진 후 두봉교에서 좌회전하면 왼편으로 영주시 사과홍보관이 보인다. 이곳에도 카페와 화장실이 있으므로 마구령 등정에 앞서 쉬어도 된다.

담장이 없는 부석초

나는 이곳을 지나쳐 마구령으로 직행했다. 업힐의 시작점을 알 수 없었기에 도로 정비 공사를 하는 곳에 설치된

부석회전교차로
(마구령에 오르려면
오른편으로 가야 한다)

10%의 경사 표지판이 있는 곳부터 계산했다. 이곳부터 약 4km(왕복 2차선이 1차선 길로 좁아지는 임곡1교부터는 약 3.4km)의 마구령을 49분 만에 올랐다. 마침 차량 왕래도 뜸해 허리가 끊어질 듯한 고통 속에서도 거친 숨을 내쉬며 무정차를 이어갔다.

'오늘 운이 좋아 마구령을 무정차로 오르겠구나!'

마구령은 경사도 매우 가파르지만 노폭이 워낙 좁아 차량이 올라오거나 내려온다면 자칫 강제 정차를 당할 수밖에 없다. 그런데 20%가 넘는 고바위 길에서 정차한다면 자전거에 다시 오르긴 어렵다.

정상까지 겨우 1km 남짓 남았을까? 그러니까 마구령을 3km 가까이 무정차로 오르고 있을 때였다. 아래쪽에서 모닝 승용차가 올라오기에 가장자리에 붙어 피해줬는데 맞은편에서 차량이 줄줄이 내려오자 그만 이 차가 올라가지 못하고 정차하는 것이 아닌가. 나로선 옴짝

달싹할 수 없는 형편이었다. 강제로 정차당한 나는 차들이 내려가고 올라간 뒤 다시 페달을 밟았으나 앞바퀴가 들린 자전거는 직진하지 못하고 힘없이 옆으로 구르다 절벽 앞에서 서고 말았다.

가슴을 칠 노릇이었다. 조금 아래 경사가 더 센 곳도 이겨내고 올라왔는데 그래도 오를 만한 곳에서 정차를 당하더니 자전거를 끌게 된 것이다.

비교적 평탄한 곳을 찾아 잠깐 자전거를 끌었다. 속초에서 영주까지 백두대간을 종주하면서 단 한 차례도 오르막에서 끌고 간 적이 없는데… 퍼펙트게임이 깨지는 순간 같은 기분이 들었다.

자전거를 끌고 가는 것도 라이딩의 일부라고 생각하고 다시 안장에 올라 정상 가까이 이르렀을 때였다. 이번엔 대퇴사두근 부근에 경련이 올라오는 게 아닌가? 봄에 구례 성삼재 업힐 때 경련을 억지로 참고 페달 질을 하다 제대로 서 있기도 힘들었던 경험이 떠올라 이번엔 바로 자전거에서 내렸다. 그러고는 경련이 풀리기를 기다렸다가 다시 자전거에 올라 마구령 정상에 섰다.

마구령은 콘크리트와 아스팔트 길이 반복되다가 정상 부분은 비포장이다. 노면 상태가 좋지 않으며 말한 대로 노폭이 좁아 차량이 지나가면 정차할 수밖에 없는 형편이라 무정차 등정이 어려운 곳이다.

마구령 본격 시작점

하지만 업힐 거리가 비교적 짧아 아예 오르지 못할 수준은 아니다. 개인적인 경험으로는 양평 설매재와 비교해 업힐 거리가 짧고 평균 경사와 순간 경사도 미치지 못한다. 그런 설매재도 무정차로 완주했는데 마구령에서 두 번이나 자전거에서 내리다니 나로서는 너무나도 아쉬운 일이었다.

아쉬움을 뒤로 하고 정상에서는 기쁨을 만끽했다. 반대편으로 내려가면 고치령을 지나 영주터미널로 가겠지만 터미널에서 고양행 막차가 이른 시각에 있어 올라온 길을 다시 내려가 터미널로 가기로 계획을 수정했다. 그래도 30km나 달려야 하기에 서둘러야 했다.

시간적으로 여유가 없었음에도 터미널로 가는 내내 마음이 흥겨웠다.

"Take It to the Limit!"

미국 밴드 이글스(Eagles)의 노래가 너무나 잘 어울리는 아름다운 순간이었다.

6구간 전체 경로

제6구간

전설의 고향

▸▸▸ 제7구간 : 죽령 - 빗재 - 벌재 - 여우목고개

▶▶▶ 제7구간 : 죽령▶빗재▶벌재▶여우목고개

지난 백두대간 투어 라이딩을 경상북도 영주에서 마쳤기 때문에 이번엔 영주에서 출발해서 단양을 거쳐 문경에서 마무리하는 구간을 종주했다. 백두대간 소백산 – 속리산 구간은 경상북도와 충청북도를 가르는 경계로 투어 구간이 양도(兩道)를 오간다.

민족 고유의 지리 인식체계인 백두대간은 우리의 생활과 깊게 밀착되어 있다. 백두대간은 영남과 호남, 충청 등 행정구역의 경계가 되었으며 또한 삼국의 국경이 되기도 했다. 따라서 백두대간을 아는 것은 우리 민족을 바로 아는 일이다.

나는 투어에 앞서 관련 서적을 읽고 백두대간의 역사를 학습했으며, 산맥과 비교를 위해 일본인 학자 고토 분지로(小藤文次郎:

1856~1935)의 논문인 [조선산맥론(1903)]을 읽기도 했다. 고토 분지로는 오늘날 우리가 사용하고 있는 산맥체계를 만든 사람이다. 태백산맥이니 차령산맥이니 노령산맥 같은 거 말이다.

  일본 메이지 시대의 지질학자인 고토 분지로는 동경대 지질학과를 졸업한 후 독일 유학을 거쳐 1886년부터 동경대 교수를 지낸 인물이다. 한반도의 지질구조를 연구하기 위해 1900년과 1902년 사이 두 번에 걸쳐 조선을 방문해서 두만강에서 지리산에 이르기까지 우리 국토를 발로 누비며 [조선산맥론(1903)]과 [조선기행록(1909)] 등의 저서를 남겼다.

조선 답사 당시 그의 탐험대는 네 마리의 조랑말과 여섯 명의 대원으로 구성되었다고 하며 두 번 모두 혹한기였다. 그가 혹한기를 선택해서 답사한 이유는 대학교수 신분으로 방학 동안을 이용해야 했고 여름에는 강물이 넘쳐 당시의 교량 사정으로는 답사가 어려웠기 때문으로 짐작한다.

(손일 역, [조선기행록], 푸른길, 2010, 참고)

  그러나 국내에서는 메이지 시대의 일본 학자라는 이유로 그의 연구 성과가 폄훼되기도 하고 주요 저술인 [조선산맥론] 역시 국내에서 공식적으로 발간된 바가 없었다.

  그러나 다행히 지리학회 회장을 역임한 부산대학교 손일 교수의 번역으로 지난 2010년 두 편의 저술을 합본한 [조선기행록(푸른길)]이라는 단행본이 발간되어 우리나라의 지질구조와 산맥체계에 관심이 있는 사람은 누구나 읽을 수 있게 되었다.

고토 분지로의 산맥론과 백두대간의 차이는 산맥론이 지질구조를 바탕으로 해서 정립된 이론인 데 비해 백두대간은 생활밀착형 지리체계라는 점이다. 따라서 지도상의 그림과 달리 산맥은 강에 의해 단절되어있는 반면 백두대간은 땅 위에 솟은 산줄기를 이어놓은 것이라 (당연하게도) 백두산에서부터 지리산에 이르기까지 단 한 군데도 끊긴 곳이 없다.

연일 폭염주의보가 발령되는 가운데 2019 백두대간 투어 영주-단양-문경 구간을 떠났다. 산에서 가까운 곳은 아무래도 도심 속 만큼 무덥진 않을 터였다.

정오 무렵이 되어 영주종합터미널에 도착했다. 터미널 근처에 있는 중국집에서 수타 짜장면을 먹었는데 면발이 아주 쫄깃하다. 언제 다시 오게 될지 모르지만 오게 되면 다시 들리리라 생각하며 중국집을 나섰다.

영주종합터미널

이번 투어의 일차 목표인 죽령에 오르려면 영주종합터미널에서 약 15킬로 떨어진 소백산풍기온천리조트를 지나야 한다. 그러기 위해서는 터미널 근처의 서부삼거리에서 좌회전해서 약 4킬로 정도 안정교차로 방면으로 직진을 해야 한다. 직진 구간 도중 나무고개 교차로를 지나

나무고개교차로와 안정교차로 사이의 비상활주로

약 2.6킬로는 비상 활주로다. 완전한 평지이며 갓길 폭이 웬만한 차선과 맞먹는 이 활주로 구간에서는 속도를 최대한 내며 마음껏 달려 볼 수 있다.

　최초의 비행기를 만든 라이트 형제는 원래 자전거 미캐닉(mechanic)이었다. 그러니까 자전거에 날개를 단 게 인류가 만든 최초의 비행기였다. 하지만 날개가 없는 내 자전거는 비상(飛上)에 이르진 못하고 안정교차로에서 그만 안정을 취하고 말았다.

　영주종합터미널에서 소백산풍기온천리조트로 가는 구간은 유난히 로터리와 교차로가 많다. 따라서 라이딩에 취해 정신을 놓으면 멀리 삼천포로 빠질 수도 있으니 정신을 바짝 차려야 한다. 안정교차로에서 우회전 후 5킬로 정도 직진을 하다가 로터리를 만나면 좌회전해야 한다. 그러면 바로 봉현교차로가 나타나는데 이곳에서 5번 국도를 타고 제천·단양 방면으로 빠지지 않고 오른편의 농로를 통해 죽령옛길로 접어들었다.

죽령 표지석   죽령 가는 농로 (옛길 방면)

　편하게 농로를 따라서 가다 보면 왼편에 굴다리가 보이는데 굴다리로 들어가지 않고 우회전하면 풍기읍 방면이다. 풍기관광호텔을 지나 좌회전하면 나오는 기주교차로에서 다시 5번 국도에 합류해서 2.4킬로 정도 달리면 백수교차로가 나온다. 만약 여기서 좌회전해서 풍기온천 방면으로 가지 않고 그대로 직진을 하면 창락터널을 지나 죽령에 오르게 된다. 따라서 터널을 피하기 위해서는 반드시 풍기온천 방면으로 우회해야 한다.

　풍기온천은 다음 기회에 경험하기로 하고 풍기온천을 지나 본격적인 죽령 업힐을 시작했다. 나는 어디서부터 업힐이 시작되는지 몰라 리조트로부터 약 1km 떨어진 희방교차로에서부터 업힐 기산을 했다.

희방교차로에서 죽령 정상까지는 약 6.4km다. 그런데 풍기온천 입구에서부터도 상당한 업힐이므로 온천 입구에서 계산하면 업힐 거리는 7.5km 수준으로 늘어난다. 난 희방교차로에서 정상까지 44분 만에 올랐다.

죽령은 문경과 충주를 잇는 하늘재에 이어 우리나라에서 두 번째로 개통된 백두대간 통로다. 신라 8대 아달라왕 때 이 길을 열었다고 한다.(서기 158년) 죽령은 한동안 신라와 고구려의 국경으로서 서로 뺏고 빼앗기는 격전지이기도 했다.

죽령 정상의 휴게소는 문을 닫았고 대신 죽령주막이라는 작은 식당이 길손을 맞고 있다. 뭐 하는 곳인지 들어가 보니 식사와 동동주 등을 내놓는 진짜 주막이다. 아마 과거에도 이 부근에 주막이 있었을 것이다. 그래서 한양으로 과거를 보러 고개를 넘어가는 선비들이나 보따리장수들의 쉼터가 되었다.

백두대간을 넘어 영남지방에서 중부지방으로 가는 길은 경상북도 영주와 충청북도 단양을 잇는 죽령 외에도 문경과 충북 괴산을 잇는 새재길 즉 조령과 김천과 충북 영동을 잇는 추풍령 등이 있다.

그런데 과거를 보러 가는 선비들이 주로 이용하는 길

죽령 주막

은 조령이었다. 추풍령을 넘어가면 추풍낙엽처럼 과거시험에 떨어지고 죽령을 넘어가면 죽죽 미끄러진다는 속설이 있기 때문이었다. 조령 아래 문경(聞慶)은 경사스러운 소식을 듣는다는 뜻이다. 얼마나 많은 영남의 과거급제자들이 조령을 넘어 문경을 지나 고향 앞으로 갔기에 도시 이름이 문경이겠는가.

하지만 죽령을 넘어가면 과거에 죽죽 미끄러진다는 말은 과거에 낙방한 사람들이 지어낸 핑계일 것 같았다. 죽령 정상에서 단양 방면으로 내려가는 길은 약 8.9km로서 반대편보다 상당히 길다. 그런데 양방면 모두 경사가 세지 않아 죽죽 미끄러질 만한 수준은 절대로 아니다. 아마도 주막에서 여시 같은 주모에 빠져 노잣돈을 홀라당 날려 먹은 선비들이 과거는 보러 가지도 못하고 괜한 길 탓을 한 게 아닐까. 실제로는 죽령보다 과거급제자들의 길이라는 조령이 훨씬 험한 길이다. 이런 생각을 하며 다운힐이 끝나는 대강교차로까지 내려왔다.

다음 목표는 벌재다.

벌재로 가기 위해서는 대강교차로에서 약 1.5킬로 지나면 나오는 장림사거리에서 좌회전해야 한다. 좌회전 후 약 4킬로를 더 가면 사인암삼거리가 나오는데 근처에는 높이 약 50m의 기암절벽으로 단양팔경 가운데 하나인 사인암이 있다.

사인암삼거리에서 약 600m 정도 직진을 하면 직티삼거리다. 이곳에서 좌회전하든 직진하든 벌재로 갈 수 있다. 다만 직진을 한 다음

가산삼거리에서 좌회전하면 벌재까지 거리가 15.6km이며, 바로 좌회전하면 벌재까지 10.8km로서 거리로는 크게 단축되지만 예기치 못한 복병을 만나야 한다. 복병이란 바로 '빗재'다.

빗재는 단양군 대강면의 직티삼거리에서 방곡삼거리까지 약 7.5km를 이어주는 고갯길로 도락산(965m)과 황정산(959m) 사이의 안부(鞍部: 움푹 들어간 곳)에 해당하며 문경 초입의 벌재로 가는 지름길이다. 즉 죽령에서 벌재를 이어주는 최단 코스다. 하지만 경사가 만만치 않으며 직티삼거리에서 방곡삼거리까지 업힐 구간만 약 4.7km나 된다. 자연히 반대 방향은 2.8km다. 올라갈 땐 보지 못했는데 내려가면서 보니 경사 안내판의 경사가 13%에서 시작해서 12.7%로 끝난다. 작은 지리산 하나가 죽령과 벌재 사이를 가로막고 있는 셈이다.

네이버 지도가 가르쳐주는 대로 지름길이라 생각하고 진입했으나 곧 엄청난 후회가 밀려왔다. 어디까지 올라야 내리막이 시작되는지 감을 잡을 수 없으니 답답하기가 그지없었다. 이처

1 직티삼거리 표지판
  (빗재로 가려면 좌회전해야 한다)
2 빗재

사인암

벌재 표지석

럼 백두대간을 종주하다 보면 이름이 없거나 모를 고개를 자주 넘게 되는데 표지석은커녕 흔한 표지판 하나 없지만 무슨 령(嶺)이니 치(峙)니 하며 당당한 이름이 붙은 고개보다 더 험한 경우도 많다.

이 복병의 이름이 빗재라는 것은 고개를 다 내려와서 방곡삼거리에 세워진 안내판을 보고서 알았다. 안내판에는 빗재까지 1.8km로 적혀 있으나 실제 고개 정상까지는 2.8km 정도다.

빗재를 내려오니 이미 여섯 시가 다 되었다. 토요일 아침에 고양에서 출발하다 보니 거의 반나절을 까먹고 시작하는 통에 야간 라이딩을 하지 않는 이상은 라이딩 시간과 거리가 모두 짧다. 원래의 목표는 벌재 넘어 문경온천이 있는 문경읍까지 가는 것이었지만 방곡삼거리에서 문경온천까지는 30km가 넘는 거리다. 구태여 가려면 가지 못할 것도 없는 거리이긴 하지만 야간 라이딩을 즐기지 않고 초행이라 길을 잘 알지 못해 벌재에 오르기 전에 숙소를 찾기로 했다.

적성교를 지나면 벌재다

하지만 어떻게 된 일인지 주변에는 그 흔한 펜션과 여관은커녕 눈을 씻고 봐도 민박조차 발견할 수가 없다. 겨우 식당을 겸한 펜션 한 곳을 발견하긴 했으나 빈방이 없단다. 도대체 관광지도 아닌 이곳까지 찾아오는 사람들은 뭘까. 펜션 주인은 벌재 넘어 누님이 민박한다며 그곳을 소개해 주겠다고 한다. 벌재를 넘어야 하지만 어쩔 수 없는 일이다. 펜션 주인이 계속 전화를 하는데도 연락이 되지 않아 민박집 전화번호를 받아 벌재를 향해 나섰다.

'궁즉통'이라고 하던가. 충청북도 단양과 경상북도 문경 사이에는 단양천이 흐르고 다리(적성교)를 건너면 담이 세워져 있는데 그 담이 바로 벌재. 벌재를 마주한 순간 식당 겸 민박집이 나타났다.

'옳거니. 오늘은 예서 묵어야겠구나.'

산채비빔밥을 먹고 계곡물 흐르는 소리가 마치 쏟아지는 빗줄기 소

연주패옥의 전설이 있는 명당 부근

리처럼 귀를 어지럽히는 허름한 방에서 하룻밤을 보냈다. 수고한 자전거와 함께.

다음 날 일찍 눈을 떠 아침도 먹지 않고 자전거를 타고 나갔다. 민박집이 벌재 바로 아래에 있으므로 준비 운동이 부족하여 일부러 주변을 빙글빙글 돌다가 벌재를 향해 올랐다. 단양과 문경을 잇는 벌재는 약 1.8km로서 백두대간 고갯길 가운데 아주 짧은 편에 속한다. 하지만 경사는 만만치 않아 백두대간의 악동이라 부를 만하다. 이른 아침이라 무리하지 않기 위해 기어를 풀고 천천히 올랐더니 18분 만에 벌재 정상에 도착했다. 적당히 땀이 밴다. 거리와 시간으로 볼 때 아침 운동으로서는 그만이다. 표지석은 벌재 동물이동통로 양쪽으로 두 개다. 맞은편은 제법 길어 적성삼거리까지 약 3.3km나 된다.

적성삼거리에서 우회전하여 약 3킬로 정도 쭉 직진하면 문경시 동로면 적성리인데 이곳에는 옥관자가 서 말, 금관자가 서 말이 나온다는 조선 최고의 명당 연주패옥(連珠佩玉)의 전설이 있다. '연주패옥(連珠佩玉)'이란 구슬을 잇고 옥을 찬다는 말이니 아마도 목걸이 같은 장신구를 착용하는 것을 뜻하지 않을까.

옥관자와 금관자는 정3품 이상의 당상관이 머리에 두르는 망건에 사용하던 장식품이다. 그런데 얼마나 터가 좋으면 옥관자가 서 말, 금관자가 서 말이 나온다고 하였을까. 연주패옥에는 다음과 같은 전설이 내려온다.

임진왜란이 발생하자 명나라 장수 이여송은 풍수지리를 바탕으로 진지를 차릴 장소를 결정하는 지관 두사충과 함께 조선으로 왔다. 이여송은 참전 초기 두사충의 지략으로 승리를 거두었으나 그 후 패전하게 되자 두사충의 목을 베려 하였다. 이때 조선의 우의정이던 정탁의 만류로 겨우 목숨을 건지게 된 두사충은 은혜를 갚기 위해 조선 천지를 돌며 명당을 찾아 정탁의 종에게 알려주었는데 그곳이 바로 문경에 있는 연주패옥의 자리였다. 훗날 정탁은 자기 아들에게 종과 함께 그 자리를 찾아보라 했는데 아들이 "저 자리가 바로 그 자리이더냐?"라고 묻는 순간 그만 말이 발길질로 종을 차는 바람에 종이 죽고 말았다. 화가 난 정탁의 아들은 그 자리에서 말의 목을 베어 종과 함께 묻었다고 한다. 이후 수많은 지관이 연주패옥의 명당을 찾아 이곳에 왔으나 아무도 연주패옥을 찾지 못했다.

지금 종과 말을 묻은 자리에는 수령 3백 년이 넘는 멋진 소나무가 자라나 있다. 보호수로 지정된 소나무 근처에

생달교를 지나면 여우목고개다

여우목고개 표지판

서 연주패옥의 명당을 찾아보려 했으나 내게는 똑같은 산과 들뿐이다.

이곳에서 약 6킬로를 더 달리면 여우목고개다. 아마도 여우가 수시로 출현한다 하여 '여우목'이라 불렸을 것이다. 하지만 여우 울음소리 대신 시골 개 짖는 소리만이 간혹 들려온다. 하긴 여우도 개과 동물이다. 우리가 아는 구미호 전설은 틀림없이 주막에서 노잣돈을 홀랑 털린 과객들이 여우목을 지나며 상상으로 꾸며낸 이야기이리라.

문경버스터미널

나는 개소리를 들어가며 여우목고개 2.4km를 22분 만에 올랐다. 여우목고개도 반대 방향이 길어 4.3km에 이른다.

여우목고개에서 문경읍까지는 약 18km가 조금 넘는 거리다. 거의 내리막길이라 상당한 속도를 느끼며 즐겁게 라이딩할 수 있는 구간이다. 여우목고개 정상에서 약 8km를 내려오면 오른편으로 하늘재 가는 길이 나오는데 백두대간 종주 라이딩 다음 구간에 지날 예정이다.

여유 있게 문경읍에 도착해서 한우 육회비빔밥을 먹고 온천으로 육체적 피로를 말끔히 씻은 다음 버스에 탑승했다. 고양시로 바로 가는 버스다. 운수 좋은 날이다.

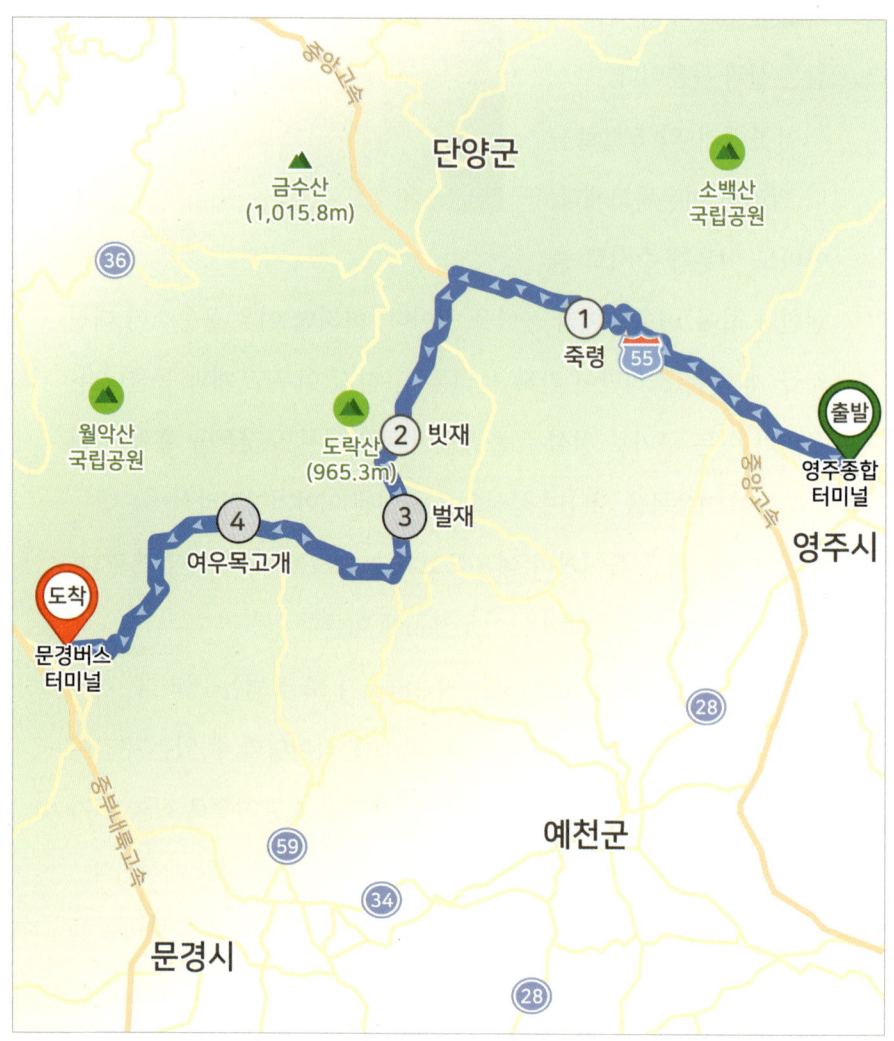

7구간 전체 경로

우리나라 최초의 고속도로

▸▸▸ 제8구간 : 하늘재 - 지릅재 - 소조령 - 이화령

▶▶▶ 제8구간 : 하늘재▶지릅재▶소조령▶이화령

경상북도 문경과 충청북도 충주를 잇는 고갯길인 하늘재(525m)는 기록에 따르면 신라 제8대 아달라왕이 북진 개척을 위한 교두보를 마련하고자 개통(156년)한 길이다. 아달라왕은 또한 영주와 단양을 잇는 죽령도 개통(158년)하였으니 요즘으로 치면 토목사업을 자주 벌인 듯하다.

한낮의 수은주가 35도를 넘어가는 이른 8월, 2019 백두대간 투어를 계속 진행하기 위해 문경을 찾았다. 지금으로부터 무려 1860여 년 전 아달라왕이 낸 길을 세월이 흘러 라이더가 그 길을 이용하고자 문경을 찾은 것이다.

이번 투어는 순환 코스다. 문경읍을 출발해서 하늘재와 지릅재에 올랐다가 소조령과 이화령을 거쳐 문경읍으로 되돌아오는 코스다. 장장 1,500km(남한지역의 백두대간 길이는 684km 정도지만 자전거로 백두대간을 종주하기 위해서는 그 두 배가 넘는 길을 돌아야 한다)에 이르는 백두대간을 투어 하다 보면 이와 같은 순환 코스를 만나게 되는데 태백시를 출발해서 화방재 – 만항재 – 두문동재를 지나 태백시로 되돌아오는 구간도 대표적인 순환 코스다. 묘한 것은 태백 순환 코스가 태백산과 소백산을 이어주고 문경 순환 코스는 소백산과 속리산을 연결한다는 점이다. 이처럼 순환 코스는 긴 백두대간에서 마치 산과 산을 이어주는 고리 역할을 하고 있다.

어차피 되돌아오는 코스이기 때문에 문경터미널에 도착해서 숙소부터 잡았다. 배낭 등 간단한 짐을 내려놓고 가볍게 라이딩을 하기 위함이었다.

우리나라에서 자전거 라이딩 붐이 일어난 시기는 이명박 정부 들어서인데 알다시피 지금 4대강(한강·금강·영산강·낙동강) 자전거 길을 비롯한 전국의 자전거 길은 대부분 이명박 정권 때 낸 것이다. 이명박 대통령이 닦은 길을 달리던 라이더는 1863년 전 아달라왕이 낸 길을 달린다. 이미 말했으나 문경(聞慶)이란 지역 명칭을 풀이하면 경사스러운 일은 듣는다는 뜻인데 영남 출신의 과거 급제자들이 한양에서 고향으로 내려갈 때 한달음에 달리던 길을 자전거를 타고 신나게 달리고 있다.

하늘재 가는 길에서 본 포암산

문경읍에서 하늘재로 가기 위해서는 시계 반대 방향으로 돌아 갈평 삼거리까지 가야 한다. 갈평삼거리에서 좌회전 후 조금 지나면 다시 삼거리가 나오는데 이곳에서 하늘재·관음 방면으로 좌회전해야 한다. 문경읍 관음리로 가는 길이다. 이 길은 네이버 지도상으로는 샛길처럼 보이지만 실제로는 상당히 폭이 넓은 도로다. 대신 하늘재 입구까지 약 6.5km 정도 꾸준한 오르막이다. 난 하늘재를 비포장 싱글 길이라고만 생각했기 때문에 이 길을 지나면서 가다 쉬다를 반복했다.

그런데 알고 보니 갈평삼거리를 지나 하늘재 입구까지 약 6.5km 전체가 하늘재로 가는 오르막이었다. 하지만 본격적인 업힐은 관음1리 문막경로당으로부터 약 2.3km다. 하늘재 표지석은 경상북도 문경에서 충청북도 충주로 연결되는 트레킹로 입구에 설치된 가파른 계단을 올라가야 있다. 하늘재는 해발고도가 530m밖에 되지 않지만 높은 곳에 올라갈 일이 없던 그 옛날에는 하늘을 찌를 듯 높게 보였을 것도 같다.

트레킹로는 약 1.5km의 싱글 길로서 대체로 내리막이다. 이 말은 충주에서 하늘재를 거쳐 문경으로 가기 위해서는 산길을 올라야 한다는 말과 같다. 다른 싱글 길에 비하면 상태가 좋다고 하지만

하늘재 표지석

그래도 싱글 길은 싱글 길이다. 트레킹을 용이하게 하기 위해 땅에 박아놓은 날카롭고 울퉁불퉁한 자갈들이 자전거 타이어를 위협한다.

1 하늘재 옛길에서 만난 김연아 나무
2 하늘재 옛길

나는 이 길을 자전거를 끌고 지나갔는데 한 산행객이 "왜 시원하게 자전거를 타지 않느냐?"고 묻기에 "이런 곳에서 미끄러지면 어떻게 합니까?"라고 대답했더니 고개를 끄덕인다.

지명이 묘하다. 하늘재 정상을 분기점으로 문경 쪽은 문경읍 관음리이며 충주 쪽은 수안보면 미륵리다. 관음(觀音)이란 관세음보살(觀世音菩薩)의 줄임말로서 관세음보살은 세상의 소리를 들어주는 보살을 가리킨다. 즉 이 세상의 온갖 괴로움을 듣고 서방정토로 인도하는 분이다. 미륵이란 56억 7천만 년이 지나 이 세상에 오시는 부처님이시니 관음리에서 미륵리로 하늘재를 넘는다 함은 결국 현세에서 미래로 간다는 말이 되겠다. 자전거는 앞으로 나가야 하니 결국 미래로 가는 수단이다. 이 자전거 타고 관음의 세상에서 미륵의 세계로 넘어왔다.

우리나라 최초의 고속도로라 할 수 있는 하늘재를 넘어오면 고려 시대의 객사(客舍) 혹은 사찰 터인 미륵대원지가 나타난다. 객사 또는 사찰이라고 하지만 난 사찰이었을 걸로 본다. 단순한 객사라면 높이 10m가 넘는 거대한 석불입상(보물 96호)이 도대체 왜 그곳에 있겠는가.

요즘으로 치면 '템플 스테이'를 했을 수는 있겠지만 미륵대원지를 단순히 객사 터라 보기 어려운 이유다.

미륵대원지를 지나면 바로 지릅재가 시작된다. 지릅재에 오르기에 앞서 산채로 점심을 먹었다. 수안보 쪽으로 넘어가는 지릅재는 거리가 무척 짧다. 미륵대원지 입구에서 나와 대광사를 안내하는 커다란 방향석이 있는 곳부터 정상까지는 약 1.7km 정도며 18분 만에 올랐다. 비록 거리는 짧으나 경사는 만만치 않은 편이다. 반대로 안보삼거리 방향으로 내려가는 길은 긴 편인데 정상 부근을 제외하고는 경사가 급한 편은 아니다. 다운힐(반대편에서는 업힐) 구간을 안보삼거리까지 최대한으로 늘여 측정할 경우 약 6.6km지만 난 대사마을회관 앞까지 5.1km로 측정했다.

지릅재는 이번이 두 번째다. 지난번에는 안보삼거리에서 올라 하늘재 입구까지 간 다음 안보삼거리로 돌아갔으니 등정을 기준으로 하면 세 번째 오른 셈이다. 지릅재는 양 방면 갓길이 거의 없어 라이딩이 불편한 편이다. 정상에는 표지석은 없고 해발고도 540m를 알리는 나지막한 표지판만 설치

미륵대원지

1 소조령 정상 안내판
2 지릅재 표지판

되어 있다. 여유 공간이 없어 표지판을 배경으로 사진을 찍을 때 차량을 주의해야 한다.

안보삼거리에서 그대로 직진을 하면 수안보 온천 방면이고 소조령과 이화령을 가려면 좌회전해야 한다. 나는 삼거리의 작은 카페에서 휴식을 취하며 생각했다. 이렇게 무더운 날 백두대간을 오르락내리락하는 일이 과연 옳은가. 모르는 길이라면 또 오전에 숙소를 미리 잡아두지 않았더라면 가까이 있는 수안보 쪽으로 빠졌을지도 모른다. 라이딩 도중에 자주 들리는 수안보 온천은 이곳에서 채 2km도 떨어져 있지 않다. 반면 숙소가 있는 문경온천은 25km 남짓한 거리다. 게다가 소조령과 이화령, 두 개의 고개를 넘어야 한다.

소조령은 이번에 오르면 열 번째다. 이화령은 아홉 번째다. 가까운 곳도 아닌데 이 정도면 참 많이 오른편이다. 나란히 있는 두 고개의

이화령 표지석과 생태 터널

등정 횟수에 차이가 나는 것은 한 차례 이화령 정상에서 수안보 방면으로 되돌아갔기 때문이다. 그 때 소조령은 왕복했는데 이화령은 괴산 방면에서만 오르고 도로 내려왔으니 두 고개의 등정 횟수에 차이가 생겼다.

 안보삼거리에서 소조령 정상까지는 4.5km 정도지만 소조령 출발점까지는 2km 남짓이다. 왜냐하면, 괴산 방면으로 넘어가는 소조령의 업힐 거리가 약 2.3km이기 때문이다. 소조령 정상에는 아주 작은 표지판과 안내판이 설치되어 있다. 백두대간을 투어하다 보면 제법 큰 고개임에도 불구하고 표지석은커녕 표지판도 없는 곳이 있는가 하면 어울리지 않게 커다란 표지석이 설치된 곳도 있다. 표지석은 이제는 그만 설치하는 것이 옳다. 굳이 설치하려면 그 산에서 난 자그마한 석재면 족할 것이다. 잘생기고 커다란 비석들은 도대체 어디서 가지고 왔다는 말인가. 백두대간임을 알리는 표지석뿐만 아니라 요즘은 웬만한 건축물 앞에는 죄다 비석을 세워 두었는데 사람이 사는 집을 짓기 위해 어쩔 수 없이 석재로 사용하는 것이라면 모를까 실로 엄청난 자연훼손이다.

 소조령에서 이화령까지는 약 10여 킬로 떨어졌다고 하지만 그건 정상에서 정상까지의 거리가 그렇다는 것이고 소조령 아래에서 이화령 출발점까지는 약 2km 정도 떨어졌다.

소조령에서 내려와 이화령 오르기 전이면 항상 들리는 작은 구멍가게가 있다. 나는 이날도 가게에서 음료수를 사서 마셨다. 이후 이화령 정상 휴게소까지는 마땅히 쉴만한 곳이 없으니 이곳에서 전열을 가다듬는 것이 좋다. 이화령은 행촌사거리 지나서부터 시작한다. 괴산에서 문경 방면의 이화령 고개는 5.2km 수준인데 이번엔 37분 만에 올랐다. 지난봄에 32분 만에 오른 것에 비하면 많이 걸린 편이지만 지금은 여름이고 앞서 하늘재와 지릅재를 넘어오느라 힘을 소진한 결과라고 생각한다. 업힐 시간이 만족스럽지 않기보다는 이화령은 언제든지 오를 수 있다는 자신감이 다시 한번 고개를 든다. 처음으로 무정차로 오른 고개도 이화령이었으며 무릎 수술 이후 회복 차 라이딩에 나가서 역시 무정차로 오른 곳도 이화령이었다. 이화령은 역시 내겐 약속

소조령과 이화령 사이에 있는 괴산 원풍리 마애이불병좌상(보물 제97호)

이화령 정상에서 바라본 괴산 방면

의 땅이다. 라이더로서 미시령에서 태어났다면 이화령에서는 자랐다고 말할 수 있다. 라이딩을 시작하고 한 달여가 지나 처음 오른 백두대간 고개가 미시령이었으며 이화령은 무정차로 제대로 올라 본 첫 고개로서 양 방면 합쳐 아홉 차례나 올랐으니 자란 곳이다.

　국토 종주 길에 있어 평소엔 어느 백두대간 고개보다 라이더들이 많이 찾는 곳이지만 한낮 기온이 35도를 넘고 습도와 불쾌지수가 매우 높아서 그런지 주말임에도 불구하고 이화령 정상에서 한 명의 라이더도 만날 수 없었다. 앞서 이렇게 무더운 날 백두대간을 오르락내리락하는 일이 과연 옳은 것이냐고 물었다. 하지만 백두대간 고갯길을 오른다고 함이 어찌 산을 오르는 것뿐이겠는가. 그것은 비바람과 눈보라, 온도와 습도 같은 사철기후를 이겨내고 또한 자기를 극복하는 일이다. 넘어야 할 것은 저 멀리 눈에 보이는 것이 아니라 내 마음속에 있다.

정상에서 물 한 통 마시고 이화령에서 내려왔다. 저녁으로 석쇠 구이를 먹고 바로 온천으로 '풍덩' 들어갔

박정희 대통령이 교편을 잡았던 문경초

다. 문경종합온천은 지하 750m에서 용출하는 소화기와 피로회복에 탁월한 효능이 있다는 알칼리온천과 900m의 석회암층에서 용출한 피부질환과 관절염 등에 좋다는 중탄산 온천을 함께 즐길 수 있는 복합온천이다. 온천 측에서는 국내 유일의 복합온천이라 소개하나 한계령 동사면 아래의 오색온천도 알칼리온천과 탄산 온천의 복합온천시설이다. 카운터에서 문경시민이냐고 물을 정도니 자주 들리긴 들렸나 보다. 라이딩 하고 고기 먹고 온천까지 즐기니 이것이 바로 '힐링 라이

박정희 대통령의 하숙집이던 청운각

딩'이다.

다음 날 아침, 문경온천지구에서 약 6킬로 정도 떨어진 문경새재 도립공원에 들르기로 하고 숙소를 나섰다. 온천지구에서 터미널을 지나 도립공원 방향으로 조금 가다 보니 박정희 대통령이 거처한 곳이라는 '청운각'이라는 안내판이 보이기에 찾아보았다.

대구사범을 졸업한 박정희가 젊은 날에 소학교(초등학교)에서 교사를 했다는 건 잘 알려지지 않은 사실이다. 그가 교편을 잡은 학교가 바로 지금의 문경초등학교로 버스터미널에서 멀지 않은 곳에 있다. 청운각이란 학교 옆에 있는 박정희의 하숙집으로 약 3년간 교사 생활을 한 그는 만주로 건너가 군인의 길을 걸었다.

진도아리랑 비석

박정희는 자신의 첫 직장인 문경초등학교에 상당한 애착이 있었던 듯 후에 대통령이 되고 나서 강당이며 도서관을 지어주기도 했다. 청운각은 우리의 시골에서 흔히 볼 수 있던 전형적인 초가다. 청년 박정희가 기거하던 방은 작은 책걸상만이 덩그러니 놓여있는데 겨우 발을 뻗고 누울 수 있는 넓이다. 그것도 단신인 박정희였기에 가능했을 것이다. 학교 정문 앞에는 대통령 시절 방문해서 기념으로 심었다는 전나무가 있는데 고사목이다. 하지만 제거하지 않고 그대로 두었다.

문경새재도립공원은 입구부터 자전거 진입금지다. 조령 표지석이 있는 제3관문(조령관)까지는 걸어서 두 시간 거리라는데 전동차를 타고 제1관문(주흘관)까지만 가보았다.

> 아리아리랑 스리스리랑 아라리가 났네
> 아리랑 응응응 아라리가 났네
> 문경새재는 웬 고갠가
> 구부야 구부구부야 눈물이로구나!
>
> - 진도아리랑 중에서 -

새재란 조령(鳥嶺)의 순수 우리말이기도 하고 이화령과 하늘재 사이의 고개라는 말이라고도 한다. 어느 쪽이든 새재는 아주 험준한 고갯길로서(이화령은 험한 새재를 피해 낸 길이다) 멀리 진도아리랑에도 등장한다. 그런데 아무리 험하다고 한들 천 리나 떨어진 섬 지방의 민요에 등장한다는 건 뜬금없다. 그 옛날 진도 사람들이 과연 문경새재를 넘어봤을까.

진도아리랑에 등장하는 새재에 대해 다른 학설은 문경새재가 아니라 문전세재라는 것이다. 문전세재란 진도 성문 앞에 실재하는 세 고개(남산재·연등재·굴재)라고도 하고 태어나는 고개, 인생살이의 고개, 북망산으로 가는 고개라고도 한다. (김상유 등)

　무엇이 맞든 조령이라고도 하는 문경새재가 한 사람의 병사로 천 명을 맞설 수 있는 험준한 고개인 건 틀림없는 사실이다. 그래서 임진왜란이 발발하고 왜군이 한양을 향해 물밀 듯이 밀려올 때 많은 이들이 조령에서 왜군을 막을 것을 주장했으나 당시 조선 최고의 명장으로 꼽히던 신립장군은 이를 무시하고 한발 물러서 충주 탄금대에서 배수진을 친다. 하지만 결과는 대참패, 탄금대 전투에서 패배하고 많은 군사를 잃은 신립은 탄금대 아래의 남한강에 몸을 던져 자결했다. 천하의 명장이었다는 신립이 조령을 버리고 탄금대를 택한 이유에는 다음과 같은 설화가 전한다.

　하루는 신립이 사냥을 나갔다가 그만 길을 잃고 겨우 산속에서 집

임진왜란 때 신립 장군이 배수진을 쳤던 충주 탄금대

1 주흘관 (문경새재 제1관문) **2** 문경새재 도립공원 내 오픈 세트장의 양반 가옥

한 채를 발견하게 되었는데 그 집엔 소복 차림의 젊은 여인이 있을 뿐이었다. 이를 괴이하게 여긴 신립이 까닭을 묻자 여인이 말하길 종이 자신을 탐한 나머지 주인과 식솔들을 모조리 죽였다는 것이다. 이에 신립이 밖에서 들어오는 종을 화살을 쏘아 죽이자 여인은 신립에게 자신을 취하라고 했다. 그러나 신립이 이를 거절하자 여인은 부끄러움에 그만 자결을 하고 말았다. 세월이 흘러 훗날 임진왜란이 발생하자 신립은 정석대로 조령에 진을 치고 왜군에 맞서기로 한다. 이때 신립에게 원한을 품은 여인이 나타나 조령이 아닌 탄금대에 진을 치게 했고 그 결과 패한 신립이 자결을 했다고 한다.

　이 설화는 당대의 영웅이었던 신립이 패한 원인이 능력이 부족해서가 아니라 원귀의 한 때문이었음을 말하고 있으나 한편으로는 조령이 능히 왜적을 막을 정도의 험준한 요새라는 것을 말해주기도 한다. 영조 때 이중환이 쓴 인문지리서인 [택리지]에는 북진하던 왜군이 조령에 이르러 크게 두려워하였으나 지키는 사람이 없는 것을 확인하고 비로소 지나갔다고 적혀 있다. 훗날 조선 조정은 조령에 3관문(주흘관·조곡관·조령관)을 설치하여 국방의 요새로 삼았지만 사후약방문이었다.

아울러 영남 선비들의 과거길이기도 한 새재는 오늘날 고3 학부모들의 순례 코스가 되고 있다.

시간 관계상 새재의 마지막 관문인 조령관까지는 가보지 못하고 드라마 세트장이 있는 주흘관까지만 전동차를 타고 가본 후에 돌아왔다.

문경새재 과거길

8구간 전체 경로

조조, 관우를 만나다

▶▶▶ **제9구간 :** 버리미기재 - 늘재 - 밤티재 - 활목재 - 장고개 - 비조령 - 화령

▶▶▶ 제9구간 : 버리미기재 ▶ 늘재 ▶ 밤티재 ▶ 활목재 ▶ 장고개 ▶ 비조령 ▶ 화령

그동안 백두대간 투어를 하면서 설악산 – 오대산 – 태백산 – 소백산을 넘었다. 이제 자전거는 속리산으로 향한다.

문경에서 다시 출발한 자전거는 버리미기재로 굴러간다. 속리산 권의 시작인 버리미기재는 도보든 라이딩이든 백두대간 종주 시 반드시 거쳐야 하는 고개다.

견훤교

하지만 세간에서는 널리 알려지지 않았다. 문경에서 버리미기재로 가는 길은 새재 자전거 길을 일부 공유한다. 나는 버리미기재를 찾아

가은아자개장터

가다가 그 사실을 깨달았는데 소야교까지 약 6km 정도를 새재 자전거 길을 따라가면 된다. 버리미기재로 가기 위해서는 소야교를 건너지 말고 그 옆의 작은 다리를 건너서 소야삼거리에서 좌회전해야 한다. 버리미기재까지 가는 길에 있어 한 가지 특이한 점은 아주 여러 차례 다리를 건넌다는 것이다. 따라서 다리를 건넌 뒤에 매번 옳은 방향으로 가고 있는지 확인할 필요가 있다.

15km쯤 달려 견훤교를 지나면 가은아자개장터가 나온다. 아자개는 견훤(867~936)의 아버지로 이 지역(문경시 가은읍) 출신이라고 한다. 견훤이 전주에서 후백제를 건국했기에 견훤을 백제의 후예로 잘못 아는 경우가 많은데 견훤 역시 이 지역 출신이다. 그런데 가은은 과거에는 상주 소속으로 견훤이 상주 출신으로 알려진 것은 그 때문이다.

어쨌거나 견훤이 가은 출신인 것은 분명하다. 영남 출신인 견훤이 호남에서 나라를 세운 것은 경상도 출신이지만 전라도의 절대적인 지지를 얻어 정권을 일궈낸 고 노무현 대통령이나 문재인 대통령과 비슷하다는 생각이 든다.

그렇다면 가은 출신의 견훤은 어떻게 백제의 옛 땅에서 나라를 건국했을까.

삼국유사에 따르면 견훤의 아버지 아자개는 두 부인 사이에서 5남 1녀를 둔 농민이었다고 한다. 장남인 견훤은 불과 열다섯의 나이에 군에 입대해서 서남쪽 해안에서 해적을 소탕하는 임무를 맡게 된다. 이러한 사정을 종합하면 견훤의 집안은 지배계층이거나 호족은 아니었을 것으로 짐작된다.

하지만 견훤의 아버지 아자개가 나중에 상주 지역을 장악하고 스스로 장군을 칭한 것을 보면 아자개와 견훤 부자(父子)는 매우 걸출한 인물이었던 것 같다.

견훤이 서남해안에 배치를 받은 무렵의 신라왕조는 거듭된 농민 반란과 지배계층의 권력다툼으로 왕조의 말기적 증세를 나타내고 있었다. 중앙정부의 힘이 약해진 틈을 타서 지방 곳곳에서는 자치세력이 등장했는데 아마 견훤의 아버지인 아자개도 이런 무리였을 것이다.

아자개가 상주 지역을 장악할 무렵 견훤은 서남해안에서 무공을 떨치던 청년 장수로 성장해 있었다. 그는 서쪽 바다로 떨어지는 해가 곧 신라의 모습이라는 것을 알았을 것이다. 아버지가 고향에서 독자적

세력을 구축했다는 사실을 들었을 터인데 견훤이 고향으로 돌아가지 않고 연고가 없는 호남지역에서 일어선 것은 역사의 미스터리다.

삼국사기와 삼국유사 등 사서에 따르면 견훤은 신라 효공왕 4년인 서기 900년에 지금의 전라북도 전주인 완산주에서 국호를 '후백제'라 칭하고 스스로 왕위에 올랐다. 그의 나이 서른셋의 일이다.

926년 견훤은 신라의 수도인 금성(金城) 즉 경주를 침략하여 경애왕을 살해하고 경순왕을 세웠다. 이쯤 되면 신라는 거의 무너진 것이나 다름없었는데 견훤이 신라를 멸하지 않은 까닭은 아마도 천년왕국에 대해서 백성들이 가지는 경외심 때문이었을 것이다.

즉 견훤의 상대는 썩은 고목인 신라가 아니라 왕건의 고려였다. 왕건과 싸움에서 승리하고 천년왕국으로부터 선양 받는 그림을 그렸을 것이다. 그래서 견훤은 친고려 정책을 편 박씨 성을 가진 경애왕을 제거하고 김씨 성인 경순왕을 옹립했을 걸로 짐작한다. 아무리 형편없는 국가라 하더라도 심장부인 수도까지 적군이 들어와서 왕을 제거하는 일은 흔한 일이 아니다.

견훤이 군사를 이끌고 경주를 급습했을 때 경애왕은 아무것도 모른 채 포석정에서 유흥을 즐기고 있었는데 그렇다면 견훤의 경주 입성은 김씨 왕족의 도움을 받은 것이 아닐까 짐작해 본다.

([진훤이라 불러다오], 이도학 저, 푸른역사, 1998, 참고)

통일왕국을 목전에 두었던 후백제가 몰락한 직접적인 원인은 후계

문제 때문이다. 견훤에게는 열 명이나 되는 아들이 있었는데 넷째인 금강을 아껴 후계자로 삼으려 했다. 이에 반발한 신하들이 견훤을 유폐하고 맏이인 신검을 왕으로 세웠다. 삼국유사에는 견훤이 폐위되는 순간이 다음과 같이 묘사되어 있다.

"견훤이 아직 잠자리에서 일어나지 않았는데 멀리서 고함치는 소리가 들려왔다. 견훤이 무슨 소리냐고 물으니 아들 신검이 대답하길 '왕이 연로하여 국정에 어두움으로 맏이인 제가 국정을 대리하게 되어 신하들이 기뻐하는 소리입니다'라고 하였다. 그러고 나서 신검은 견훤을 김제 금산사에 가두고 장사 30인으로 하여 지키게 하였다."

석 달 후 가까스로 금산사를 탈출한 견훤은 왕건에게 의탁하게 된다. 그런데 앞서 아자개 역시 아들인 견훤과 사이가 매우 좋지 않아 자신의 세력 아래 있던 상주를 왕건에게 바친 사실이 있다.

귀의한 견훤을 왕건은 깍듯하게 예우했다. 그런 왕건에게 견훤은 자신을 배반한 아들 신검을 토벌할 것을 주청했다. 귀의 이듬해인 936년 9월 견훤은 후백제 토벌군의 좌군(左軍)이 되어 몸소 2만 명의 군사를 지휘했다. 백발이 성성한 창업 군주의 모습을 본 후백제군은 감히 맞설 엄두를 내지 못하였다. 견훤은 자신이 세운 왕국을 이처럼 스스로 허물어 버린 것이다.

그런데 상식적으로 생각해 보면 어떻게 이런 일이 일어났을까.

건국 군주가 아들에 의해 폐위됐다는 점에서 견훤의 비극은 4백여 년 후 조선왕조를 창업하고도 아들인 태종 이방원에 의해 폐위된 태조 이성계의 비극과 같다. 이성계 역시 골육상쟁을 일으키고 자신을 내쫓은 아들 이방원이 몹시도 싫었을 것이다. 하지만 아무리 방원이 미워도 이성계는 국경을 넘어 명나라에 들어가지는 아니했다. 추측하건대 견훤이 처음부터 고려에 귀의할 생각으로 금산사를 탈출하지는 않았을 것으로 보인다. 탈출하고 나서 어쩔 수 없이 고려로 들어갔다는 것이 합리적인 추론 아닐까. 다만 견훤의 탈출 과정에 처음부터 고려 조정이 개입했을 가능성도 있다.

이러한 견훤의 비극적 말로는 우리나라 오천 년 역사상 가장 극적인 사건이라 할 것이다. 자신의 왕국을 스스로 무너트린 견훤은 며칠 후 등창이 터져 숨졌다. 아마 울화통이 터지고 말았을 것이다. 그의 나이 예순아홉이었다. 그런데 마상에서 대군을 이끌 정도로 멀쩡하던 사람이 며칠 지나지 않아 숨졌다는 건 뭔가 수상하다. 혹시 더는 필요 없어진 혹은 불편해진 견훤을 고려 측에서 제거한 것은 아닐까. 아무튼, 견훤은 아버지 그리고 아들들과 사이가 좋지 않았으며 이는 그가 대업 완수에 실패한 원인이었다.

장터에서 잠시 천 년의 역사를 오락가락하던 자전거는 다시 방향을 잡고 앞으로 나간다.

버리미기재의 본격 업힐이 시작되는 지점은 왼편으로 선유동교가 보이는 곳이다. 이곳부터 정상까지는 약 4.6km로서 32분이나 걸렸

버리미기재 정상에 있는 지킴터

다. 이보다 긴 이화령도 32분에 오른 적이 있으니 경사가 이화령보다 세면 세지 약하진 않다고 본다. 당당한 백두대간 고갯길임에도 버리미기재 정상에는 표지석이 없으며 '버리미기재 지킴터'라는 목조 건물만이 정상임을 알려준다. 하지만 문은 굳게 잠겨 있다. 과연 무엇을 지키는 곳일까.

버리미기재 정상에서 약 2.5km 정도를 다운하면 충청북도 땅 괴산이다. '전날 이화령을 오르기 전에 괴산을 지났는데 뭐지?' 돌고 도는 느낌이다.

하지만 다음 목적지인 늘재를 찾아가기 위해서는 13킬로 정도를 더 달려 다시 경상북도로 접어들어야 한다. 이처럼 백두대간 소백산-속리산 구간은 경상북도와 충청북도의 경계에 있어 양 도를 넘나든다. 늘재의 업힐 구간은 길게 잡으면 2km 남짓이다. 경사도 센 편은 아니다. 더욱이 해발고도 380m로서 백두대간에서는 난쟁이 급에 속한다.

하지만 정상은 한강과 낙동강의 분수령이며 마치 광개토대왕비 같은 매우 거대한 표지석이 세워져 있다. 지금까지 본 모든 백두대간 표지석 가운데 가장 큰 것 같다. 그런데 표지석에는 그냥 한자로 '백두대간(白頭大幹)'이라고만 새겨져 있을 뿐 전후좌우를 아무리 둘러보아도

한자로 백두대간(白頭大幹)이라고만 쓰여 있는 늘재 표지석

늘재는 낙동강과 한강의 분수령이다

늘재라는 이름은 새겨져 있지 않다. 표지석을 세우면서도 조금 머쓱함을 느꼈던 것일까. 그래서 늘재라는 고개 명칭은 빼고 그냥 백두대간 넉 자만 새긴 것일까. 늘재라는 이름은 늘어진 고개라는 의미라고 한다. 그만큼 가파르지 않다는 뜻이다.

늘재를 넘어 이제 자전거는 밤티재로 향한다. 늘재와 밤티재는 아주 가까운 사이다. 늘재 정상에서 약 1.3km만 내려오면 장암2리 마을회관 앞인데 밤티재는 이곳에서 우회전해서 약 2.3km 정도만 오르면 된다.

하지만 밤티재는 늘재와 달리 '칼오름'이다. 비록 거리가 짧아도 칼처럼 솟아 있어 만만히 볼 언덕이 아니다. 나는 이 짧고 강한 언덕을 18분 만에 올랐다. 밤티재 정상에도 표지석이나 표지판은 없다. 대신 동물이동통로가 있는데 그곳에도 밤티재라는 고개 이름은 새겨져 있지 않다.

속리산의 악동과도 같은 밤티재를 넘어 목적지인 속리산면까지는 수월할 줄 알았다. 하지만 백두대간의 특징은 예상치 못한 복병들을 자주 만난다는 것이다. 복병들은 보통 이름이 없는데 이번에 만난 복병은 동물이동통로에 떡하니 활목재라는 자신의 이름까지 걸고 있었다. 밤티재로부터 약 7킬로 떨어진 곳에 있는 마치 활의 목처럼 생겼다고 해서 그렇게 부른다는 활목재는 조조를 기다리는 관우처럼 '지나갈 수 있으면 지나가 보라'는 듯 라이더를 기다리며 떡 버티고 있었다.

버리미기재, 늘재, 밤티재까지 다 통과했는데 활목재라니… 나는 정말 화용도에서 관우를 만난 조조 꼴이 되었다.

'아, 고개야. 이제는 그만 좀 나타나라!'

1 밤티재 생태 터널 2 활목재 생태통로

나는 조조처럼 비굴했으나 활목재는 관우처럼 그냥 보내주었다. 이렇게 해서 활목재까지 네 개의 고개를 거푸 넘은 뒤에야 숙소가 있는 속리산면에 겨우 당도할 수 있었다. 속리산면은 이번이 두 번째 방문길이다. 2018년 가을에는 반대 방향인 보은에서 말티재를 넘어 도착한 적이 있다.

숙박업소와 토속 음식점이 즐비한 속리산면에 도착해서 작년에 들렸던 작은 목욕탕부터 찾았다. 욕조의 물이 필터를 거쳐 순환되는 방식이 아니라 찬물과 더운물을 그냥 흘려버리는 옛날 목욕탕이지만 냉탕과 온탕에 번갈아 입욕하며 육신의 피로를 풀기엔 충분하다. 더욱이 손님이 없어 욕조를 혼자서 독차지할 수도 있으니 호사라면 호사다.

저녁을 먹고 인공폭포(용미리폭포)가 있는 곳까지 걸어서 가보았다. 속리산면 사내리 입구에서 법주사까지 약 2km 구간을 '오리(五里) 숲길'이라 하는데 지난 2015년 2월 이 길을 복원하면서 세운 기념비가 있다. 읽어보니 1464년 세조가 이 길을 지나 법주사에 머물면서 한글 창제의 주역인 신미대사의 법회에 참석했다는 얘기가 있다. 신미대사는 논란이 된 영화 [나랏말싸미](2019)의 주인공이다. 이 영화는 세종대왕이 아닌 신미대사를 한글 창제의 주역으로 그렸다고 해서 여론의 뭇매를 맞았다.

사실인지는 모르겠지만 신미대사의 한글 창제설은 이처럼 과거부터 있었던 이야기다. 세종대왕이 한글 창제의 주역이 아니라고 해서 대왕의 위업이 사라진다고 생각하지는 않는다. 지도자란 어떠한 일이 이루어질 수 있게 해주면 족하다. 세종대왕이 직접 한글을 창제하지 않았다고 하더라도 그가 아니었다면 민족의 문자인 한글은 나올 수 없었을 것이다.

지난번에 들렀던 모텔에서 푹 쉬고 다음 날 채 1킬로도 떨어지지 않은 법주사에 들렀다. 유네스코 세계문화유산이기도 한 법주사는 신라 진흥왕 때 건립된 유서 깊은 사찰이다. 법주사에는 조선 시대에 지어진 5층 팔상전과 금박을 한 높이 33m의 청동미륵대불로 유명하다. 금박을 입힌 청동미륵대불은 1990년에 만든 것이다. 시멘트로 만든 거대한 미륵불상을 철거하고 그 자리에 세웠다.

시멘트 불상은 일제강점기에 만들어진 것이다. 시멘트는 뭐든 모방이 쉽고 빨리 만들 수 있어서 군사정권인 박정희 시대에 많이 쓰인 건축 재료다. 당시 중건한 문화재 상당수는 알고 보면 시멘트로 만든 것으로 김영삼 정부 때 철거된 광화문이 박정희 정권의 대표작이다.

법주사에서 나와 도로 경상북도 상주까지 간다. 상주로 가기 위해서는 정이품송을 지나 갈목삼거리에서 좌회전해야 한다. 삼거리에서 직진하면 바로 꼬부랑길로 유명한 말티재로 가는 길이다.

갈목삼거리에서 좌회전하면 곧 갈목재다. 그런데 갈목재는 2013년 12월 갈목터널이 개통된 뒤 출입금지다. 입구에는 철문이 설치되어 있다. 자전거 라이더라면 누구라도 터널을 달가워하지 않을 것이다. 두렵고 위험해서다. 그래서 지름길인 터널을 두고 일부러 옛길로 우회해서 가기도 한다. 하지만 갈목재처럼 출입을 금지한 곳은 어쩔 수가 없다. 갈목재는 폐쇄된 지 5년밖에 지나지 않았지만 도로 위에는 잡풀이 자라고 있다. 시간이 흐르면서 자연은 스스로 자신의 모습을 복원해 나갈 것이다.

폐쇄되어 진입할 수 없는 갈목재

1 비조령으로 바로 가기 위해서는 갈목터널을 빠져나와 직진해야 한다
2 비조령에 오르기 위해서는 이곳에서 좌회전해야 한다

    작년에도 통과한 갈목터널은 약 800m로 길지 않은 터널이다. 이 터널을 빠져나오면 상주로 가려면 오른편으로 가라는 이정표가 있다. 물론 오른편으로 가더라도 상주를 갈 수 있으나 이 경우 삼가터널을 지나야 하며 다음 목적지인 비조령을 오르기 위해서는 멀리 화남면까지 돌아가야 한다. 터널을 나와 직진 후 오른편으로 비룡저수지를 끼고 12km 정도를 달리면 보다 빨리 비조령에 오를 수 있다.

장고개 정상

    그런데 비조령에 오르기에 앞서 또 다른 복병을 만났다. 이번에 만난 복병은 이름도 없는데 나중에 네이버 지도에서 검색해보니 장고개라고 한다.

이름이 없으니 무명용사라고 해야겠다. 정상에는 산양산삼농원이 있어 위치를 인증할 수가 있다. 무엇을 하는 농원인지는 알 수가 없으나 정문에 '개 조심'하라고 붙여 놓았으니 오래 머물지 않는 편이 좋겠다는 생각이 들었다.

 무명용사에게 쫓긴 나는 내리막을 달려 비룡동관로와 평온동관로가 갈라지는 지점에 섰다. 여기서 좌회전해서 평온동관로 방면으로 가야 비조령에 오를 수 있다. 비조령의 본격 업힐 구간은 500m 정도에 불과하다. 업힐 시간도 채 5분이 걸리지 않는다. 헤어핀을 두 개 정도 지나면 표지석이 보인다. 하지만 경사가 제법 가파르기에 비룡동관로와 평온동관로가 갈리는 지점에서 잠시 숨을 고를 필요가 있다.

 비조령도 고개의 규모에 비하면 표지석이 거대한 편이다. 낮은(343m) 고개지만 정상에는 동물이동통로도 있으니 갖출 것은 다 갖추고 있다. 백두대간을 다니다 보면 한쪽은 짧아도 다른 쪽은 아주 긴 비대칭 고개들이 흔한데 비조령은 반대편도 1.6km 정도로서 길지 않다.

 이제 자전거는 마지막 고비인 화령

비조령 표지석

으로 향한다.

화령 일대는 6.25 개전 초기, 상주로 진격한 북한군에 타격을 가해 낙동강 방어체계를 구축할 수 있는 시간을 벌어준 중요한 전투가 벌어진 곳이다. 불과 사흘 만에 서울을 점령한 인민군은 속속 국군의 방어선을 무너트리며 개전 한 달도 채 되지 않아 갈령을 넘어 화령 방면으로 진격해 왔다. 정보를 미리 입수한 국군은 화령 부근에 매복해 있다가 7월 17일과 7월 20일 북한군을 기습해 큰 피해를 주었다. 이로써 겨우 한숨을 돌린 국군과 유엔군은 낙동강 방어 벨트를 구축할 수 있었다. 이처럼 백두대간은 삼국시대와 조선 시대뿐 아니라 현대전에서도 전략적 요충지라는 것을 알 수 있다.

비조령에서 약 1.6km를 내려오면 동관교차로가 나타나는데 화령은 상주·보은 방면으로 가야 한다. 동관교차로에서 약 6킬로를 달리면 오른편에 상곡1리 마을회관이 보이고 멀리 긴 언덕길(상곡로)이 나타난다. 바로 화령으로 오르는 고갯길이다. 길게 보이지만 언덕길은 약 1.3km 정도다. 정상은 수청거리삼거리다.

그런데 화령을 인증할 만한 아무것도 없다. 화령 표지석은 삼거리에서 좌회전해서 영남제일로를 타고 500m 정도를 더 가야 한다. 그런데 이때 횡단보도를 지나야 하니 반드시 주의해야 한다.

이렇게 해서 이번 구간의 마지막 목표인 화령에 섰다. 화령 역시 고개 규모에 비하면 표지석이 우뚝하다. 화령 표지석의 위치가 이상하

1 이곳에서 좌회전해야 화령 표지석을 찾을 수 있다
2 화령 표지석

다고 할 수도 있으나 상곡로가 아니라 영남제일로를 통과해서 화령에 오른다면 별로 이상할 것도 없는 위치라 하겠다.

　화령에서 2킬로 정도를 내려와 문장대 휴게소에서 식사하고 잠시 쉬었다. 상주 시내로 가기 전에 재미있는 이름의 초등학교를 발견했다. '낙서초등학교'. 상주시 내서면 낙서리에 있는 교명이다.

　상주 시내로 가는 길은 좁고 갓길은 없고 차들은 지방도가 아우토반인 것처럼 마구 속도를 낸다. 상주는 자전거를 타고 수차례 와본 도시인데 그다지 자전거를 위한 인프라가 발달했다고 생각한 적이 없다. 그나마 있는 자전거길도 험하다. 그래도 자전거의 도시란다. 자전거로 ㈜ 확충과 보수 등 인프라를 좀 더 구축한 다음 자전거 도시라고 하면 어떨까.

낙서초등학교

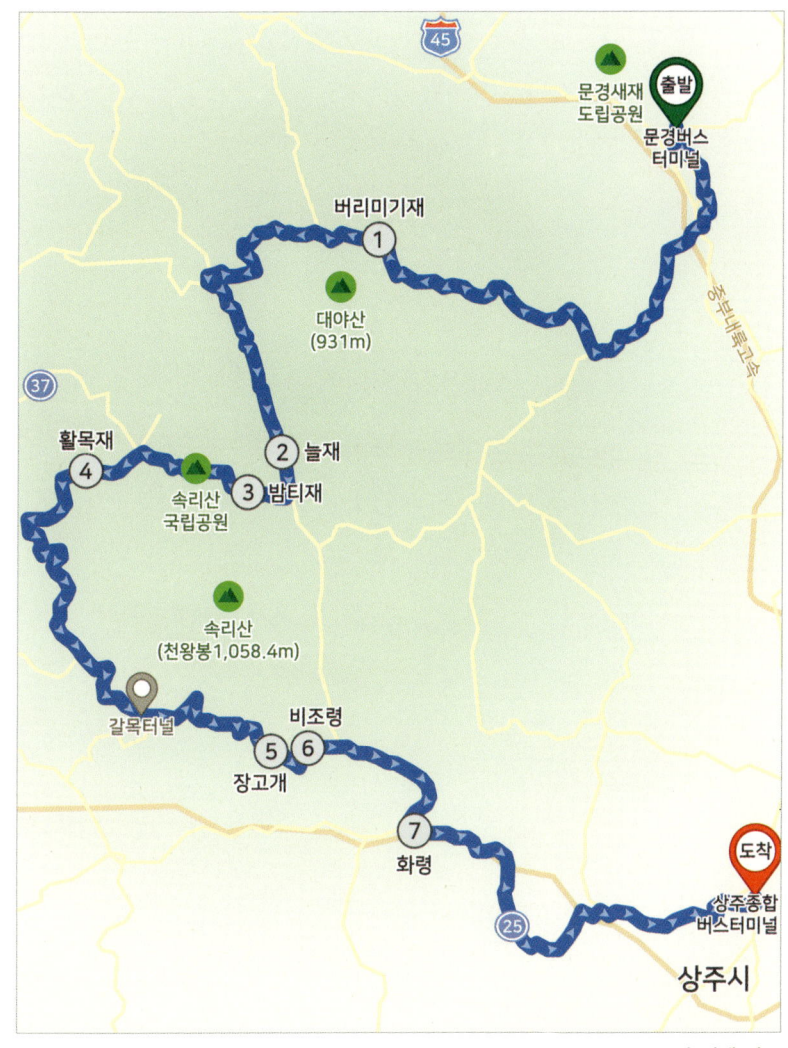

9구간 전체 경로

백두대간의 일곱 난쟁이

▸▸▸ 제10구간 : 신의터재(신의티) - 지기재 - 개머리재 - 큰재
 - 옥계고개 - 작점고개 - 괘방령

▶▶▶ 제10구간 : 신의터재(신의티)▶지기재▶개머리재▶큰재▶옥계고개▶작점고개▶괘방령

지난 백두대간 투어를 화령에서 마치면서 상주시 내서면 낙서리의 낙서버스정류소를 거쳐 상주종합버스터미널까지 갔기 때문에 이번엔 낙서정류소를 출발하여 신의터재 – 지기재 – 개머리재 – 큰재 – 작점고개 – 추풍령을 넘어 속리산 구간을 마무리하기로 했다.

상주터미널에서 낙서정류소까지는 약 14km다. 그러나 자전거의 도시라는 상주답지 않게 이 구간을 지나는 25번 국도는 노폭이 좁고 갓길 사정이 대체로 열악해서 자전거로 통행하기는 상당히 위험하다. 이 도로는 백두

산림청에서 세운
신의터재 표지석

대간을 통과하는 길도 아니며 지난 투어의 마지막 고개였던 화령에서 이번 투어의 첫 고개인 신의터재로 직행할 경우 굳이 지나지 않아도 되기에 상주터미널에서 낙서정류소까지는 대전행 버스를 타고 점프했다.

낙서정류소에서 신의터재까지는 약 6km로서 멀지 않은 길이다. 길은 단순하다. 버스의 진행 방면으로 조금 가다가 화동 쪽으로 좌회전해서 계속 직진을 하면 된다. 신의터재로 가는 길은 오르막이라고는 하지만 경사를 느끼기 어려운 약 업힐이라 어느 지점부터 본격적인 업힐이 시작되는지 딱 잘라서 말하기가 어렵다. 나는 살짝 오르막이 느껴지는 부분부터 측정했는데 정상까지 남은 거리는 약 1.3km였으며 오르는데 채 10분도 걸리지 않았다.

신의터재 정상에는 무려 세 개의 표지석이 있다. 맨 먼저 세워진 것은 상주시에서 1996년에 건립한 표지석이다. 두 번째 표지석은 화동산악회에서 2009년에 세웠으며 세 번째는 세 개의 표지석 가운데 가장 널리 알려진 것으로 2010년에 산림청에서 세운 백두대간 인증 표지석이다.

그런데 화동산악회에서 세운 표지석에는 신의터재가 아니라 '신의티'라고 고개를 명명하고 있다. 표지석 세우면서 오타를 내진 않았을 것이다. 도대체 어떻게 된 일일까.

과거 이 고개는 신은현(新恩峴)이라 불렸다고 한다. 현(峴)은 고개를 가리키는 한자어로 순 우리말로는 '재' 혹은 '티'에 해당한다. 따라서 '신은티'라고도 불리다가 발음하기 수월한 '신의티'로 굳어지지 않았을까.

한편 상주시에서 1996년에 건립한 표지석 뒷면에는 임진왜란 전에는 이 고개를 신은현이라 불렀으나 의사(義士) 김준신이 의병을 일으켜 이곳에서 왜병을 격파하고 순국했는데 그로부터 신의터재라 불렀다고 고개 명칭의 내력을 전하고 있다. 이후 일제강점기에 '어산재'로 칭하다가 1996년 민족정기를 찾는다며 상주시에서 신의터재로 개칭했는데 2011년 상주시 지명위원회에서 '신의티'로 새로 결정한 것을 지역 사학자들이 신의터재가 바르다고 주장함으로써 논란은 오늘날까지도 이어지고 있다.

고개 정상에 의병장 김준신

1 상주시에서 세운 신의터재의 다른 표지석
2 화동산악회에서 세운 표지석에는 '신의티'라 적혀있다

1 낙동강과 금강의 분수령인 신의터재 2 금강과 낙동강의 분수령인 지기재
3 지기재 정상 4 신의터재와 지기재 사이의 자연하천

  의 유적비까지 세웠으니 지역에서는 '신의티'보다는 어감이 좋은 '신의터'라 부르고 싶을 것이다. 하지만 '신의터'라 부르기에는 해발고도(280m)가 너무 낮아 민망한 수준이다. 신은 적어도 1,000m 이상은 되는 곳을 자신의 터로 삼고 계시지 않을까?

  뭐가 되었든 작은 고개 정상에 표지석을 세 개나 세워 놓았으니 이는 자원 낭비다. 신의터재는 반대편 내리막길도 1km 미만으로 무척 짧다. 어딜 보더라도 신을 모시거나 (신이) 계실만한 곳은 아니다.

신의터재가 어울리지도 않게 표지석을 세 개나 가지고 있지만, 약 8킬로 정도 떨어진 지기재는 표지석은커녕 번번한 표지판도 갖추고 있지 않다. 간이 화장실 앞에 세워진 양철 표지판을 배경으로 인증사진을 찍을 수 없어 난 고개 정상의 버스정거장을 배경으로 사진을 남겼다.

지기재는 신의터재에 비해 해발고도가 20m나 낮은 260m에 불과하기 때문에 신의터재에서 지기재로 가는 길은 거의 평길 수준이다. 반대편으로 내려가는 길의 거리도 약 2.4km에 불과하다. 그럼에도 지기재는 금강과 낙동강의 분수령을 이룬다.

이 지역의 백두대간 고개 즉 신의터재 - 지기재 - 개머리재 - 큰재 등은 모두 낙동강과 금강의 분수령을 이루는데 이처럼 백두대간은 예로부터 인간의 삶에 있어 지역과 지역의 경계는 물론 물길을 나누는 기준이 되었다. 이를 산자분수령(山自分水嶺)이라 한다.

다음 고개는 개머리재인데 지기재에서 약 5.6km 정도 떨어져 있지만 901번 지방도에서 샛길로 접어들기에 길을 놓쳐 한참을 헤맨 끝에야 겨우 오를 수 있었다. 백두대간 신의터재에서 작점고개에 이르는 구간의 고개들은 따로 이정표에 안내되어 있지 않다. 따라서 이 구간의 적은 고도와 경사가 아니라 길이다. 주의하지 않으면 길을 잃고 헤맬 우려가 있는 구간이다.

더구나 이 구간은 낙서휴게소를 출발하여 개머리재를 지나는 동안

개머리재 경사도 안내판

식당은커녕 시골 '점방' 하나 발견할 수 없는 '깡촌' 중의 으뜸가는 '깡촌'이라 미리 음료 등을 준비해야 한다. 실제로 난 40킬로를 넘게 달리면서 물 한 모금도 마시지 못했다.

　개머리재의 본격적인 업힐 구간은 1km 남짓이라 아주 짧으나 이 구간에 있는 다른 업힐들과 달리 경사는 제법 센 편이다. 겨우 1.1킬로 정도를 오르는데 무려 15분 가까이 걸렸으니 짧아도 경사는 상당히 센 편이라 하겠다. 지기재와 마찬가지로 개머리재 정상에도 따로 표지석은 없고 그곳이 개머리재임을 알리는 조그마한 표지판만 있다.

　왜 하필 개머리재라 부르는지는 모르겠으나 아랫마을 이름이 개머리골이라는 걸 봐서 마을 이름에서 유래한 것으로 짐작된다.

　백두대간 고개 가운데 동물 이름이 들어간 특이한 이름의 고개는 이 외에도 닭목령(강원도 강릉시 왕산면과 대기리 사이의 고개)과 우두령(충북 영동군과 경북 김천시를 이어주는 고개)이 있는데 이 두 고개 정

1 개머리재 정상의 표지목 2 큰재 정상의 안내판

상에는 나름 닭대가리 같은 형상의 표지석과 소 조형물이 세워져 있다. 이에 비해 개머리재의 표지판은 참으로 소박하다.

개머리재를 내려와 큰재에 오르기 전에 상판저수지 근처에 이르러서야 난 라이딩 후 처음으로 식당을 발견했다. 큰재 정상에서 3킬로 정도 떨어진 곳이다.

아주 늦은 점심을 먹고 겨우 기력을 되찾아 큰재를 향해 출발했다. 그런데 지기재처럼 큰재 역시 업힐의 출발 지점을 기산하기 어려운 평길 수준의 약 업힐이다. 그래도 정상에는 백두대간 생태교육센터가 자리해 있다. 백두대간 생태교육센터는 상주시 산림조합에서 운영하는 백두대간 생태 홍보와 이용자 숙박 등을 위한 시설이다. 해발 고도 320m로서 높지도 이름처럼 크지도 않은 큰재의 내리막길은 약 3.7km로서 이 구간의 백두대간 고갯길 치고는 제법 길다.

큰재에서 내려와서 작점고개에 오르기 위해서는 거창·김천 방면으로 우회전해야 하는데 이때 교차로(공성교차로)에서 바로 우회전하면 안 된다. 왜냐하면 자동차 전용도로로 빠지기 때문이다. 교차로에서 공성면사무소 방면으로 직진을 했다가 다음에 나타나는 삼거리에서 거창·김천 방면으로 우회전해야 한다.

그 다음부터는 쭉 직진하면 되는데 작점고개에 이르기 전에 상주시 공성면 영오리와 김천시 어모면 옥계리 사이에 있는 제법 긴 고갯길을 하나 지나야 한다. 또 예기치 못한 복병의 출현이다. 백두대간을 통과해 작점고개로 이어지며 업힐 구간으로 치자면 이제껏 넘은 신의터재나 지기재, 개머리재, 큰재 등과 비교해 훨씬 긴 편인데도 이 고개는 별도로 이름을 받지 못했다. 집에 돌아와서 지도를 검색해보니 '옥계고개'라고 한다.

이 고개가 백두대간을 지나는 중요한 길임에도 종주로의 정규 고개로 인정받지 못하는 이유는 많은 라이더나 등산객들이 대체로 표지석이나 표지판의 유무를 백두대간 고개의 판정 기준으로 삼기 때문이지 않을까 추측해본다. 백두대간 종주를 위해 지나야 하는 수십여 개의 령과 재와 치를 구분하며 가장 어이가 없는 일은 정규 고개와 비정규 고개로 분류하는 것이다. 도대체 다 같이 백두대간 통과에 필요한데 정규 고개는 뭐고 비정규 고개는 무엇인가. 이는 마치 같은 일을 함에도 정규직과 비정규직으로 구분해서 차별 대우하는 것과 다르지 않다.

옥계고개 정상은 상주와 김천의 경계다. 이렇게

옥계고개 정상

작점고개 생태통로

중요한 기능을 가진 고개임에도 옥계고개가 무명고개로 남은 이유를 당최 짐작하기 어렵다.

옥계고개를 넘은 자전거는 본격적으로 작점고개로 향한다. 이제부터는 김천 땅이다. 작점고개 역시 해발고도가 340m 수준에 불과하며 업힐 거리는 약 1.9km 수준이다. 도대체 어디서부터 고갯길인지 알 수가 없는 다른 고개들과 달리 업힐의 시작점은 성능교회 앞으로 분명하다. 고개 정상은 생태통로를 한창 건설하고 있었다. 이 와중에 표지석은 어디로 치웠는지 보이지 않는다. 작점고개는 표지석이 두 개다. 널리 알려진 커다란 표지석 외에 작은 표지석도 있는데 작은 것은 찾긴 했으나 공사장 안에 있어 인증샷을 남기고자 일부러 자전거를 끌고 가보진 않았다. 대신 건설 중인 생태통로를 배경으로 사진을 남겼다.

작점고개는 앞뒤의 업힐 거리가 거의 같다. 1.9km를 올라서 2.1km 정도를 내려오면 된다. 반대로 말하면 2.1km를 올라 1.9km를 내려가면 되는 것이다.

작점고개와 추풍령은 가깝다. 겨우 5km 정도 떨어져 있을 뿐이다. 그런데 추풍령은 유명세에 비하면 해발고도가 겨우 220m로서 모든 백두대간 고개 가운데 압도적으로 낮다. 작점고개의 해발고도가

추풍령 노래비

340m인 만큼 작점고개에서 추풍령 가는 길은 거의 내리막이라는 말이나 마찬가지다. 물론 약간의 업다운은 있다. 하지만 이번 종주 구간의 제목에서 추풍령을 뺀 건 양심상 도저히 고개를 넘었다고 주장하기가 어렵기 때문이다.

추풍령은 경상북도 김천과 충청북도 영동의 경계로서 비록 고도는 낮으나 오랫동안 영남과 중부지방을 잇는 관문 역할을 했으며 지금도 유효하다. 경부고속도로는 바로 이 추풍령을 통과한다. 이 낮은 고개를 경계로 인문적으로는 영남과 중부 지방의 문화와 말투가 다르고 자연적으로는 기후가 다르다고 하니 참으로 신묘한 것이 바로 백두대간이 아니겠는가.

괘방령 표지석

덕유산의 입구인 괘방령에 올랐다가 김천터미널로 가자니 너무 멀고 김천터미널로 바로 가기도 가깝지 않아 추풍령에서 하루 묵기로 한다. 그 옛날 한양으로 올라가거나 영남으로 내려가기 위해 추풍령에서 쉬어가던 선조들처럼.

추풍령은 멋진 표지석을 갖고 있으나 엄밀히 말하면 백두대간 표지석이 아니라 노래비다. 추풍령뿐만이 아니라 진부령 · 한계령 · 이화령 · 박달재(백두대간의 고개가 아니다) 등 많은 고갯길이 노랫말에 나오는 이유는 구비 마다 서린 애환 같은 게 있어서가 아닐까. 그만큼 백두대간은 우리의 생활, 정서와 밀착해 있는 곳이다.

다음 날, 이제 이번 종주 구간의 마지막 고개인 괘방령에 올랐다가 김천터미널로 가기로 했다. 추풍령에서 괘방령은 사실 김천터미널 방향인 덕천네거리로 갔다가 기날저수지를 끼고 오르면 약 15km 거리지만 이 코스는 어차피 다음 종주 때 또 지나쳐야 하므로 나는 시계반대방향으로 돌아 매곡삼거리를 지나 오르기로 했다. 이 경우 추풍령에서 괘방령까지는 약 21km다.

매곡삼거리에서 괘방령으로 가기 위해서는 좌회전해야 하는데 매곡면에서 괘방령 가는 길도 거의 평지 수준이라 딱히 어느 지점부터 본격 업힐인지 기산에 어려움이 있다. 괘방령 역시 충북 영동과 경북 김천의 경계를 이루는데 그래도 추풍령보다는 해발고도가 높아 300m에 달한다.

이 고개의 정상에는 장원급제길이 조성돼 있다. 아마 조선 시대 선비들이 과거를 볼 때 주로 이용하던 문경새재가 요즘 학부모들의 순례 코스로 뜨다 보니 슬쩍 흉내를 낸 것이 아닌가 싶다.

이로써 2019 백두대간 투어 신의터재에서 괘방령에 이르는 구간 (상주 – 김천 – 영동 – 김천)을 종주했다. 이 구간에 있는 고개들은 백두대간의 난쟁이들로서 구간 자체의 매력은 현저하게 떨어진다. 하지만 백두대간 종주를 위해서는 반드시 통과해야 하는 코스다.

  이제 자전거는 본격적으로 덕유산으로 향한다. 한없이 멀게 여겨지던 백두대간도 어느덧 저 멀리 그 끝이 보인다. 이제 남은 구간은 김천에서 무주, 무주에서 거창, 거창에서 남원 그리고 지리산 구간뿐이다.

10구간 전체 경로

신라와 백제의 땅에서

▶▶▶ 제11구간 : 괘방령 - 우두령 - 마산령 - 안간재 - 부항령

▶▶▶ 제11구간 : 괘방령▶우두령▶마산령▶안간재▶부항령

    지난 백두대간 투어를 충북 영동에서 괘방령에 오른 후 김천에서 마무리했으므로 이번엔 김천에서 출발해 반대 방면에서 괘방령에 오르는 것으로 투어를 시작했다.

    김천터미널에서 괘방령까지는 14km 정도인데 찾아가기가 쉽다. 먼저 오백 미터쯤 떨어진 직지교사거리에서 좌회전해야 한다. 이후 약 8km 정도 직진을 한 다음 덕천네거리에서 좌회전해서 복전1교를 건너 복전터널(거의 동물이동통로 수준의 아주 짧은 터널인데 다만 차량 왕래는 제법 빈번하니 주의는 필요)을 통과하면 오른편이 괘방령 업힐 시작지점이다.

    이곳에서부터 업힐을 계산할 경우 정상까지는 약 4.3km다. 나는

괘방령 동사면 시작점 부근의 향천793 카페

이곳에서 고개 쪽으로 약 150m 떨어진 향천 793카페부터 쉬지 않고 올랐는데 25분 정도 걸렸다. 괘방령 동사면의 경우 거의 평길인 서사면에 비하면 제법 고갯길의 느낌이 들긴 하는데 그래도 백두대간의 고개 가운데는 약한 수준이다.

향천793부터 업힐을 기산한 이유는 이곳에서 빙수와 딸기 케이크를 먹으면서 잠시 쉬었기 때문이다. 이날 딸기 케이크를 먹기 전까지 내가 먹은 것이라고는 새벽에 먹은 김밥 한 줄이 전부였다. 사는 고양시에서 김천시까지는 직행버스가 없어서 아주 이른 새벽에 첫차를 타고 서울 강남고속터미널로 이동했다. 그런데 새벽 여섯 시도 안 되어 지하철 안은 앉을 자리가 없이 만원이 되었다.

승객 대부분이 노인들이라 난 이 새벽에 노인들이 어디로 가는 건지가 궁금했다. 그러던 중 한 라이더가 자신은 내린다며 자전거를 좀 빼달라고 해서 배낭을 자리에 둔 채 자전거를 뺐다가 다시 세워 놓고 오니 그새 할머니 한 분이 내 자리에 앉아 있는 것이 아닌가. 난 하는 수 없이 배낭을 선반 위에 두고 서서 갔다. 노인들이 어디로 가는지는 종로3가역에 이르러 알게 되었다. 탑골공원. 그렇다! 노인들은 모두 종로3가에서 내려 탑골공원으로 출근하고 있었다. 아마도 아침 배식이 있는 모양이다.

사실 내 나이도 오십 대 중반인데 나이 많은 노인들이 워낙 많은 세상이라 나이로 먹고 들어가지는 못하는 형편이다. 그래도 젊은 세대들에게는 '꼰대' 소릴 듣는다.

586, 60년대에 태어나서 80년대에 대학을 다녔으며 이제 50대인 세대를 일컫는 말이다. 이 세대가 30대 시절에는 386이라 불리다가 나이가 듦에 따라 486·586··· 이런 식으로 변모를 거듭했는데 컴퓨터와 다른 점은 발전하지 못했다는 것이다. 이 세대는 박정희 시대에 나고 자라서 전두환 시대에 대학을 다녔다. 그러니 태어나서 이십 년이 넘도록 군홧발 세상을 산 것이다. 그래도 용감하게 일어서 민주화 운동을 주도했으며 지금의 민주주의에 지분이 있다.

문제는 민주화 이후의 민주주의다. 민주와 반민주, 독재와 반독재의 구도에만 익숙한 이 세대는 독재정권 타도를 곧 민주주의의 완성이라고 생각했기 때문에 민주화 이후의 사회경제적 아젠다를 설정하는 데 실패했다. 그 결과 오늘날 우리 사회 곳곳에서 성숙한 민주주의를 이루지 못한 것이다. 586세대는 그렇게 '라떼'를 말하는 '꼰대'가 되었다.

종로3가에서 할머니가 내리고 나서 난 다시 자리에 앉았다. 그러고는 강남터미널까지 한참을 앉아갔다. 역에서 내려 아직도 버스 탑승시각까지 여유가 많음을 확인한 난 김밥집에서 김밥을 먹고 승차 장소로 가기 위해 일어섰다. 뭔가 허전하다는 것을 느낀 건 바로 그때였다.

'아뿔싸, 배낭이 어디 갔지?'

껌딱지처럼 등에 붙어 있어야 할 배낭이 없는 것이다. 할머니한테 자리를 양보할 때 배낭을 선반 위에 올려놓고는 그대로 내려 버린 것이다.

'오, 마이 갓! 이제 무엇을 해야 하나? 자전거와 핸드폰, 신용카드는 있으니 그대로 김천으로 가? 그럼 여벌의 옷과 핸드폰 충전기는? 1천 루멘(밝기를 나타내는 단위)이 넘는 고가의 라이트도 배낭 속에 있는데?'

일단 예매를 취소하고 역 사무실에 가서 유실물을 신고했다. 역무원은 차가 이미 종착지인 오금에 도착했다며 오금역에 연락을 취한다. 배낭이 있다면 어차피 오금역에서 찾아야 하니 연락을 기다리지 않고 오금행 열차를 타려 하는 데 마침 전화가 왔다. "찾으시는 물건 찾았습니다".

그렇게 오금역에서 배낭을 찾아 고속터미널로 돌아왔는데도 김천

행 다음 버스 출발 시각까지 여유가 있다. 하지만 예정보다 한 시간 사십 분이나 늦게 김천을 향해 떠났다.

김천에 도착한 나는 지난 투어 때 김천터미널까지 주행했던 길을 빠른 속도로 역주행해서 괘방령 업힐 입구에 이르렀다.

전 주에도 올랐던 괘방령이지만 다시 사진 한 장을 찍고 지난번엔 올라왔던 영동 방면으로 내려갔다. 지난번 라이딩 때 올라왔다고는 하지만 거의 평탄한 길 느낌이었는데 그래도 내려가는 길은 제법 속도가 붙는다. 반대편인 서사면은 약 4.2km로 서사면과 동사면이 경사 차이는 나지만 거리는 거의 비슷하다.

다음 목표는 우두령이다. 우두령은 괘방령에서 내려온 뒤 노촌교 지나 매곡삼거리에서 좌회전해야 한다. 매곡삼거리에서 우두령까지는 18km가 조금 넘는다.

그런데 고개 정상에서 약 12km 정도 떨어진 상촌교를 지나서부터 살짝 오르막이 느껴진다. 그렇다고 12km 전체를 업힐 구간이라 하기는 무리고 정상에서 5.9km 정도 떨어진 홍덕사슴농장 입구 안내판이 있는 곳부터 계산하는 것이 적당하다. 5.9km를 오르는 데 48분이나 걸렸으니 백두대간 고갯길 가운데 거리나 경사면에서 상급에 속한다고

우두령 북사면이 시작되는 홍덕 사슴농장 입구

1 우두령 표지석 **2** 우두령 표지석(뒷면)

하겠다. 사슴농장 입구 안내판 맞은편에는 감을 형상화한 버스정류장이 있다. 감은 영동의 특산품이기도 하다.

정상의 우두령 표지석은 지금까지 본 백두대간 표지석 가운데 단연 개성 만점이다. 화강암에 소를 조각했는데 개인적으로 자연훼손이라는 면에서 백두대간 표지석을 세우는 것에 대해 반대하는 입장이지만 기왕 세우려면 이렇게 개성 있게 만들어 세웠으면 싶다.

충청북도 영동군 상촌면과 경상북도 김천시 구성면을 잇는 우두령의 본래 명칭은 '소의 등 같다'고 해서 '우등령'이었다고 한다. 고개가 소의 대가리처럼 생겨 먹기는 어려울 것이고 우등령이라고 하면 얼른 느낌이 온다.

우두령에서 약 5.3km 정도 내려오면 마산교가 나타나는데 이곳이

마산령 북사면 아래의 황토 펜션

바로 마산령 업힐의 시작점이다. 마산교 앞에 멈추어 우뚝 솟은 언덕길을 바라보니 위기 다음에 다른 위기가 이어지는 스티븐 스필버그식 영화 연출 기법이 떠오르며 절로 한숨이 나온다. 이때 지친 라이더의 눈에 띈 건 황토펜션 전광안내판.

많이 달리지는 않았으나 고개다운 고개를 두 개나 넘고 무엇보다 이미 다섯 시가 넘은 시각이라 여기서 20여 킬로를 더 달려 부항령을 넘어갈지 이곳에서 머물지를 결정해야 했다. 먼저 부항령 넘어있는 민박집에 전화를 걸어 보았다.

그런데 없는 전화번호란다. 네이버 지도에서 어렵게 발견한 그 민박집이 아니면 이제는 라제통문을 지나 무주시 설천면까지 가야 한다. 그러면 삼십 킬로를 넘게 달려야 하는데 산길의 밤은 일찍 찾아온다. 뭣 모를 땐 밤늦게 산길을 달린 때도 있었지만 육체보다는 정신이 더 피로하고 무엇보다 위험하다. 그래서 황토펜션에서 머물기로 했다. 주인아주머니에게 부탁해서 시골밥상까지 받았다.

다음 날 아침, 아주머니가 벌초 가서 먹으려 준비했다며 부추전을 한 판 가져다준다. 감사히 먹고 자전거 앞바퀴를 마산령으로 조준했다.

1 마산교를 지나면 마산령 북사면의 시작이다 **2** 마산령 정상

마산교에서 마산령 정상까지는 2.5km가 안 되는데 오르는 데 25분이나 걸렸다. 마산령은 김천시 구성면과 부항면을 이어주는 고개로 정상이 두 면의 경계다. 길진 않지만 제법 가파르다. 하지만 정상에는 부항면과 구성면 표지판이 앞뒤로 붙어 있을 뿐이다.

마산령에서 800m쯤 다운하면 다시 짧은 업힐이 시작되는데 안간재다. 마산령을 내려와 오르는 안간재의 업힐 거리는 길게 잡아도 1km도 채 되지 않지만 역시 가파른 편이라 11분이나 걸렸다. 안간재 정상에도 안내판이 없어 '낙석 주의' 경고판을 배경으로 사진을 남기고 내려왔다. 마산령과 안간재는 두 고개 정상 사이가 1.8km에 불과하고 마산령을 내려오면 바로 안간재 오르막이 시작이라 두 고개를 별개로 볼 수 있는지 의문이 들기도 한다. 하지만 면 단위의 소속된 행정구역(마산령은 김천시 구성면 마산리며 안간재는 김천시 부항면 안간리다)이 다르고 독립된 명칭을 가지고 있으니 별개로 구분한다.

1 안간재 정상 **2** 부항령 표지석

    마산령과 안간재는 우두령과 부항령 사이에 있어 백두대간의 주능선을 통과한다. 하지만 우두령이 김천과 영동을 나누고 부항령이 김천과 무주를 가르며 도와 도의 경계를 이루는 데 반해 마산령과 안간재의 위치는 애매하다.

    안간재에서 약 3.2km 정도 내려오면 삼거리가 나타나고 부항령으로 가기 위해서는 우회전해야 한다. 삼거리에서 약 2.3km 정도 업&다운을 거치면 사거리다. 이곳에서 좌회전해서 2.6km 정도 더 달리면 큰 삼거리가 나오는데 부항령 업힐은 이곳에서 시작된다. 삼거리에서 우회전하면 바로 언덕길이다. 이곳에서 부항령 정상까지는 약 6.2km 거린데 초반 2km는 완만한 언덕이지만 4km 남짓은 세다. 6킬로 남짓한 거리를 51분 걸렸으니 전날 넘은 우두령과 비슷한 거리와 경사로

1 부항령 서사면 아래 신기한 도로의 도깨비 조형물
2 신기한 도로 (어느 쪽이 오르막이고 내리막일까?)

보면 되겠다.

　부항령의 다른 이름은 가목재이며 김천시 부항면과 무주군 무풍면의 경계다. 출구에서 입구가 보일 정도로 짧은 삼도봉터널을 지나면 전라북도다. 터널을 빠져 나와 3.7km 정도를 다운하면 현내삼거리다. 무주 방면의 부항령은 김천 쪽에서 오르는 것보다 짧다.

　현내삼거리 방향으로 내려오다 보면 신기한 도로가 나타나는데 주변 지형에 의한 착시현상에 따라 내리막이 오르막으로 보이는 도깨비 도로다. 보통 자전거를 타고 다운힐을 하다가 보면 오르막이 나타나더라도 탄력에 의해 지날 수가 있기에 경사를 체감하기가 어려운데 신기한 도로에서도 순식간에 오르막을 통과해서 나는 이 길이 도깨비 도로인 줄 모르고 지나쳤다. 오르막이라고 생각했던 길이 실은 내리

라제통문

막이었음은 도깨비 조형물을 보고 알았다.

현내삼거리에서 우회전해서 10킬로 정도 가면 그 유명한 라제통문이 나타난다. 라제통문을 흔히 신라와 백제의 경계로 알고 있으나 실은 일제강점기에 뚫은 인공동굴이다. 아마도 신라와 백제가 맞댄 진짜 국경은 백두대간을 가로지르는 부항령이 아니었을까 싶다. 그렇다면 부항령에 뚫린 삼도봉터널이 진정한 라제통문인 셈이다.

라제통문 휴게소에서 점심을 먹고 무주터미널로 가다가 설천면에 이르러 그곳의 버스정류장에서 혹시나 하는 마음에 대전이나 서울행 버스 편을 알아보았다. 다행히 대전행 차가 있다. 무주터미널에서 대전으로 가는 차 시각에 여유가 있어서 무주까지 가는 것이 어렵지 않았지만 일단 설천에서 기다려 보기로 한다. 설천에서 탑승한다면 두 시간 정도는 앞당길 수 있다. 그런데 아무리 찾아도 매표소가 보이지 않는다. 핸드폰에 열중인 시골 소년에게 매표소가 어디에 있냐고 묻자 여긴 그런 거 없다며 어딜 가느냐고 묻는다. 대전으로 간다고 하자 시골이라 좌석에 여유가 있을 거라 한다.

  소년의 말대로 다행히 대전행 버스의 좌석엔 빈자리가 많다. 대전에 도착해서 이번엔 고양행 버스를 탔다. 무주에서 남서울로 바로 가는 버스가 매진이라 마음을 졸였는데 이만하면 운수 좋은 날이다.

11구간 전체 경로

자전거는 스스로 굴러가지 않는다

▶▶▶ 제12구간 : 덕산재 - 오두재 - 빼재

▶▶▶ 제12구간 : 덕산재 ▶ 오두재 ▶ 빼재

주로 주말을 이용해서 백두대간 종주 라이딩을 하고 있으나 주말이라고 해서 마냥 행복하게 자전거만 탈 수는 없다. 주중엔 생업에 종사해야 하고 주말엔 결혼식도 가야 하며 밀린 일, 가족 행사 등이 끊이지 않는다. 따라서 주말에도 자전거 타는 일이 결코 쉽지는 않다. 인간사에 쉬운 일이라는 게 과연 있을까. 그냥 되는 일은 없다. 이름과 달리 자전거(自轉車)도 거저 굴러가지는 않는다. 특히 고갯길을 올라야 하는 백두대간 종주는 라이더의 강한 의지가 없으면 성사될 수 없다.

지난 백두대간 종주 라이딩을 전북 무주군 설천면의 설천공용터미널에서 마쳤기 때문에 이번엔 설천공용터미널을 출발하여 덕산재 - 오두재 - 빼재를 거쳐 거창까지 달리기로 했다.

1 어느 방면으로 가도 덕산재에 오를 수 있지만 오른 편은 무풍터널을 지나야 한다
2 성주 · 대덕 방면으로 가야 덕산재(대덕재)다

    설천터미널은 서울남부터미널에서 오전과 오후에 한 차례씩 차편이 있을 뿐이다. 아침 7시 40분 차를 타니 11시 가까이 되어 설천터미널에 도착했다.

    설천면에서 덕산재로 가기 위해서는 회전교차로인 나제통문삼거리에서 나제통문을 지나 무풍면 방면으로 가야 한다. 교차로에서 우회전하면 37번 국도를 타게 되는데 이 길도 거창까지 이어지긴 하지만 덕산재와 오두재를 지날 수 없다. 반드시 좌회전해야 백두대간을 지날 수 있다.

    나제통문을 지나 덕산재로 가는 길은 두 가지다. 현내삼거리에서

덕산재 표지석

우회전해서 성주·대덕 방면으로 가면 무풍터널을 통과해서 덕산재에 오르게 되며 직진을 하면 무풍면사무소를 지나 덕산재에 오르게 된다. 무풍면사무소를 지나는 길은 터널을 우회하는 코스지만 터널을 지나는 구간과 거리상으로 큰 차이가 없다. 두 갈래 길은 금평삼거리에서 합류하는데 바로 덕산재의 시작점이다.

금평삼거리에서 덕산재 정상까지는 약 5km 정도다. 터널을 지나지 않고 무풍면사무소 방면에서 오르면 현내삼거리(앞의 현내삼거리와 다른 곳이다. 무풍면에는 현내삼거리가 두 곳이 있다)에서 금평삼거리까지 약 500m 정도의 짧은 업힐이 더해진다.

수많은 백두대간 고갯길 가운데 5km면 거리가 짧은 편은 아니다. 그런데 덕산재의 밑변은 가파르지 않다. 허벅지에 힘이 실리는 본격적인 업힐 구간은 정상에서 약 2.5km 아래 지점부터지만 금평삼거리나 현내삼거리에서 출발해도 상승감을 느낄 수 있다.

5km를 오르는 데 30분이 걸렸으니 덕산재의 경사는 이화령과 엇비슷하거나 조금 낮은 수준이다. 덕산재는 정상부가 너른 편이다. 표지판과 표지석, 생태통로를 모두 갖추고 있다. 그런데 표지석은 덕산재라고 표기하고 있는데 표지판은 이곳을 대덕재 정상이라고 표기하

표지판은 대덕재라 표기하고 있다

고 있다. 대덕재가 덕산재의 다른 말이라고는 해도 다 같은 국가의 행정관서인 산림청에서 세운 표지석과 국토교통부에서 설치한 표지판이 서로 다른 명칭을 사용해도 되는가 하는 생각이 들었다. 특이한 것은 생태통로가 표지석이 설치된 곳으로부터 반대편으로 제법 내려간 곳에 있다는 것이다. 즉 김천 쪽에서 덕산재에 오를 경우 생태 터널이 있는 곳이 정상이 아니라는 말이다.

덕산재에서 김천시 대덕면 방면으로 내려와 웅양면을 통해 거창읍으로 진입해도 되지만 라이딩 계획대로 오두재와 빼재를 넘기 위해 오른 길을 도로 내려와 이번엔 금평삼거리에서 현내삼거리 쪽으로 우회하지 않고 바로 무풍터널을 통과했다. 길이 845m의 이 터널은 길지는 않지만 다른 시골 터널에 비하면 제법 통행량이 있는 편이다. 물론 하필 내가 지나갈 때 그랬을 수도 있으나 터널에서는 항상 주의가 필요하다.

이곳에서 거창 방면으로 가야 오두재에 오를 수 있다

터널을 빠져나오면 곧 무풍 사거리에 이르는데 오두재는 이곳에서 거창 방면으로 좌회전해야 한다. 그런데 폭이 좁은 시골길에 진입하자마자 샹그릴라 레스토랑의 안내판이

샹그릴라 레스토랑

보인다. 업힐을 마친 뒤라 속이 출출하고 점심시간도 지나 이곳에서 요기하기로 했다.

레스토랑은 시골길에서도 다시 마을길로 300m 정도 들어간 곳에 자리 잡고 있다. 도대체 무슨 일로 이 논밭에 레스토랑이 있을까. 요즘 시골에서는 밭일하다가 새참을 레스토랑에서 먹기라도 하나.

그 문제는 제쳐두고 아무튼 난 내 속을 채우기 위해 레스토랑을 찾았다. 건물 외관을 통유리로 장식한 한 눈에 보기에도 주변 풍경과는 어울리지 않는 이 레스토랑은 전라북도의 농촌관광 거점 마을 육성사업으로 조성되어 마을 주민들이 운영하는 곳으로 2019년 6월 말 문을 열었다고 한다. 메뉴로는 한방돼지보쌈 · 제육덮밥 · 돈가스 · 김치찌개 · 차돌된장찌개 · 스파게티 · 돼지안심스테이크 등이 있는데 나는 돈가스를 주문했다. 가격이 조금 비싸다 싶었는데 돈가스를 시키자 애피타이저로 수프가 나온다. 그것도 전분으로 만든 것이 아니라 제대로 된 크림 수프다.

돈가스와 수프. 언제부턴지 대세로 자리 잡은 소스가 따로 나오는 일식 돈가스(하긴 돈가스 자체가 커틀릿의 일본식 요리다)에는 수프가 함께 나오는 경우가 없다. 그런데 일식이 자리를 잡기 전에 유행한 튀김 고기에 소스가 덮여 나오는 전통 스타일에는 녹말로 만든 수프가 애피타이저로 나오곤 했다.

대학 다닐 때니 30여 년 전의 일이다. 친구들과 점심으로 돈가스를 먹을 때 깡촌 출신의 한 친구가 전해준 일화가 지금도 잊히지 않는다. 그 친구는 자신은 고등학교 들어가서 처음 돈가스를 먹어봤다며 그때 함께 먹은 친구가 수프만 떠먹고 나서 "돈가스? 뭐, 별거 아니네"라며 일어서더라는 것이다. 배꼽 잡고 웃을 일이지만 돈가스가 이처럼 귀하던 시절도 있었다.

돈가스로 재충전한 나는 레스토랑을 나와 문제의 오두재를 향해 페달 질을 시작했다. 오두재는 백두대간의 주능선에서 살짝 벗어나 있는 고개다. 따라서 백두대간 종주가 목적이라면 굳이 지나지 않고 다른 길로 가도 된다. 하지만 중요한 것은 어떤 길을 지나 종주했느냐는 것이다. 백두대간에 있다고 해서 쉬운 길을 택해 종주할 것인가. 아니면 비록 백두대간의 주능선에서 살짝 벗어나 있다고 해도 험로를 지날 것인가. 나는 후자를 택했다.

오두재는 1089번 지방도를 타고 내려가다가 무풍저수지에 이르러 삼거리가 나타나면 오른쪽 삼은로 방면으로 빠져야 한다. 그런데 심각한 길치인 난 그대로 직진을 해서 대덕산로로 진입하고 말았다.

길치의 특징 가운데 하나는 달리다가 수시로 멈춰서 옳은 길로 가고 있는지 확인한다는 점인데(그래서 같은 속도로 달리더라도 남들보다 시간이 훨씬 더 걸린다) 대덕산로로 빠진 난 다행히 얼마 못 가 방곡교에 이르러 오두재까지 남은 거리를 앱으로 확인해 보았다. 그런데 정상까지 남은 거리가 늘어난 것이 아닌가.

이런 일을 한두 번 겪는 것도 아니고 길을 잘못 들었음을 곧바로 인지한 나는 무풍저수지 쪽으로 자전거를 되돌렸다. 그러자 안실삼거리에 이르러 지나올 때는 보이지 않던 도로표지판이 띄었다. 안실삼거리에 있는 표지판에는 오두재 옛길로 진입하는 방향이 그려져 있었다.

'아, 무풍저수지까지 가지 않고 이 길로도 오두재에 오를 수 있구나!'

나는 오두재로 연결되는 안실마을로 들어섰다. 그런데 시작부터 가파른 언덕길이다. 마을 입구부터 오두재 시작이란 생각을 전혀 하지 못해 업힐 스타팅 시각과 그때까지의 종주 거리를 미처 확인하지 못한 나는 제법 업힐을 진행한 다음에야 쉽게 끝나지 않을 업힐이라는 생각이 들어 올라왔던 길을 도로 내려가서 스타팅 시각과 종주 거리를 체크했다.

오두재처럼 가파른 고개를 오를 땐 정상까지의 거리 체크가 필수적이다. 그래야 힘을 안배하고 심리적 평온을 유지할 수 있다. 그래서

안실삼거리 표지판

올라온 길이 아까워도 도로 내려간 것이다.

 오두재는 안실삼거리로부터 측정할 경우 고개 정상까지 약 3.5km 로서 백두대간 고갯길 가운데 긴 편은 아니다. 하지만 다른 동네 야산 처럼 시작부터 아주 가파른 업힐이다. 안실삼거리로부터 약 1.7km 정도 힘든 언덕길을 오르면 37번 국도와 1089번 지방도로 갈리는 삼거리가 나오는데 거기서 좌회전해서 37번 국도로 들어서야 한다.

 그러나 나는 그만 우회전하고 말았다. 좌회전하면 고개를 계속 올라야 하고 우회전하면 내리막이었기 때문에 심리적으로 오른편을 택한 것 같다. 내려가면 오두재 아래를 관통하는 삼가덕지터널이 나오리라 생각한 것이다.

그런데 오두재로 가는 길이라고 착각한 오른편 내리막은 실은 반대편인 무풍저수지로 향하는 길이다. 완전히 방향을 잃었음은 뒤늦게 오른편으로 저수지를 보고 나서야 깨달았다. '응? 저 저수지는 뭐지?'

원래 무풍저수지에서 올랐어야 할 그 길을 오두재 정상 근처까지 거의 와서 거꾸로 내려간 치명적인 실수를 저지른 것이다.

'오, 마이 갓!'

그동안 숱한 라이딩을 하면서 셀 수도 없이 길을 잃어 보았지만 그래도 업힐 하면서 헤맨 적은 없었는데 하필 가파르기로 치면 몇 손가락 안에 들 오두재에서 그런 일을 겪다니… 하긴 안실삼거리에서 시작하는 오두재는 절반이 마을 길이라 갈래 길이 많긴 했다.

내려온 길을 다시 올라갈 생각을 하니 팽팽했던 근육이 풀어지며 온몸에서 힘이 빠지는 듯했다. 속도가 0이 찍히는 가파른 고개를 오르면서 가다 서기를 몇 번이나 거듭했는지 모른다. 속도계에 자주 '0'이 찍혔으니 기기에 거리 측정이 제대로 되지 않아 얼마나 올라왔는지 정확히 알 도리도 없었다. 다시 삼거리 표지판을 발견하고 이번엔 제대로 37번 국도로 연결되는 길로 진입했다.

이곳에서 거창·무주 방면으로 가면 오두재다

오두재 정상

이 삼거리에서 900m 정도 더 오르면 드디어 삼가덕지터널을 우회하는 오두재 옛길이다.

터널이 뚫리면 우회로인 옛길을 폐쇄하기도 하고 그렇지 않기도 한데 오두재는 그렇지가 않은 경우다. 그러니까 다 온 듯싶으면 새로운 오르막이 나타나서 라이더들을 좌절케 하는 아주 고약한 고개가 바로 오두재다.

오두재 우회로의 오르막을 다시 900m 정도 오르면 바로 오두재 정상이다. 하지만 정상에는 아무것도 설치되어 있지 않다. 오르락내리락 비록 헤매긴 했으나 나는 안실마을부터 37번 국도와 1089번 지방도가 갈리는 삼거리까지 가파른 고갯길에서 멈추지 않았으며 거의 무풍저수지까지 내려갔다가 다시 이 삼거리까지 올라와서 오두재 우회로 입구까지도 쉬지 않았다. 많이 지친 상태에서 우회로 입구에서 백 미터 정도 잠시 자전거를 끌었을 뿐 800m를 다시 쉬지 않고 올라 오두재 정상에 섰다. 길을 알았더라면 한 번에 끝낼 수도 있었던 아쉬운 도전이었다.

말한 대로 오두재는 속도계에 속도가 찍히지 않을 만큼 가파른 구간도 있으며 총 거리도 절대로 짧지는 않다. 하지만 무풍저수지에서 오르나 안실마을에서 오르나 경사로 치면 백두대간의 다른 센 고갯길인 마구령이나 안반데기에 이르진 못한다고 본다. 도전할 만한 업힐이며 (옛길을 폐쇄한 터널도 많음을 고려하면) 터널 입구까지만 올라도 성공적이라 본다.

정상을 인증할 수단이 마땅치 않아 난 누군가 임의로 설치해 놓은 소박한 표지판 앞에 자전거를 세워두고 사진을 찍었다. 주변엔 아무도 없었으며 지나가는 차도 없었다. 이곳은 풍광이 수려한 미시령 같은 곳이 아니다. 터널을 두고 누가 볼 것도 없고 가파른 이곳까지 차로 올라오겠는가.

다음 목적지인 빼재는 오두재에서 약 5.6km 떨어진 삼거삼거리에서 업힐 거리를 계산한다. 이곳에서 고개 정상까지는 약 3.3km로서 오두재의 총연장과 큰 차이가 없다. 다만 터널 우회로의 업힐 거리는 약 2.5km로서 오두재 우회로보다 길지만, 경사는 약하다. 삼거삼거리에서 정상까지 30분 만에 올랐으니 체력 손실을 고려하더라도 절대로 만만한 수준의 고개가 아니다. 다만 앞서 오른 오두재가 워낙 센 고개라 오두재부터 넘으면 어쩔 수 없이 밋밋하게 느껴진다.

빼재의 다른 이름은 신풍령이라고도 하고 수령이라고도 한다. 안내판에는 신풍령이나 수령은 모두 잘못된 명칭이며

빼재 정상의 안내판

빼재가 옳은 명칭이라고 적혀있다. 빼재의 '빼'는 '뼈'의 경상도 사투리로 그 옛날 신라와 백제의 접경 지역이던 이곳에서 수많은 전투를 치른 결과 군사들의 뼈를 묻은 곳이라 해서 빼재라 했다고 한다.

이렇듯 백두대간을 종주하다 보면 삼국시대를 소환해야 하는 일이 종종 있다. 백두대간이 우리 민족의 생활 지리체계라는 것을 인증하는 일이다.

고개를 세 개나 오르내리고도 아직도 목적지인 거창읍까지는 30킬로나 남았다. 거창까지는 내리막이라서 많은 시간이 걸리진 않겠지만 곧 날이 어둡기 시작할 것이다. 산속의 시간은 세속에서보다 빠르게 지나간다.

고제면을 지나자 사위는 완전히 어두워졌다. 전조등을 켰으나 곧 배터리가 방전돼 제 역할을 하지 못했다. 결국 거의 십오 킬로 정도의 거리를 완전한 어둠 속에서 국도와 지방도를 달려야 했다. 다행이라면 노면이 비교적 고른 편이며 차량의 왕래가 뜸하다는 점이었.

사람의 감각이란 희한해서 하나의 감각에 대한 의존도가 떨어지면 다른 감각이 이를 대체한다. 눈에 뵈는 다른 차량의 불빛으로 차량과의 거리를 짐작하면서 보이지도 않는 길을 헤쳐 나갔다. 때로 포터 트럭이 지나가면 불쑥 손들 들어 흔들기도 했다. 하지만 운전자가 그런 나를 볼 리가 만무했다. 손짓은 흔들리고 있는 내 마음의 발현일 뿐이었다. 끝내 난 어둠과 두려움을 뚫고 목적지까지 무사히 도착했다.

거창은 문상 때문에 지금까지 한 번 와 본 곳이다. 시(市)라고 알았는데 군(郡)이었음은 이번에 처음 알았다. 하지만 터미널 주변은 유흥업소의 네온사인이 쏟아내는 불빛으로 화려하다. 미리 알아 둔 숙소에 들어가 체크인을 하고 저녁을 먹기 위해 나섰다. 아주 늦은 시각도 아니건만 저녁이 되는 집이 없다. 주로 2인분 또는 술과 고기만 판다. 지친 나는 비빔밥과 육회 한 접시를 따로 시켜서 육회비빔밥을 만들어 먹었는데 배가 고파서 그런지 꿀맛이었다.

허겁지겁 저녁을 먹고는 가까운 사우나를 찾아갔다. 기대만은 못한 시골 목욕탕이다. 천신만고 끝에 악명의 오두재를 넘었으며 맛있는 육회비빔밥을 먹고 온탕과 냉탕에 번갈아 몸을 담그니 더는 부러울 것이 없다. 이렇게 사는 것이 인생인데 왜 이렇게 사는 것도 이다지 힘든가.

이제 백두대간 종주의 완성까지 두 구간 남았다. 자전거 타기에 좋은 6월과 9월에 거의 자전거에 오르지 못해 종주의 완성이 계획보다 많이 늦어졌다. 하지만 난 해낼 것이다. 지금까지 그래 왔듯이.

12구간 전체 경로

인생은 '플랜 B'

▶▶▶ 제13구간 : 육십령 - 무룡고개 - 복성이재

▶▶▶ 제13구간 : 육십령 ▶ 무룡고개 ▶ 복성이재

  지난 백두대간 종주 라이딩을 거창에서 마쳤으므로 이번엔 거창버스터미널을 출발하여 육십령 – 무룡고개 – 복성이재 – 여원재를 지나 남원까지 달리기로 했다. 이 구간은 덕유산을 지나 지리산으로 이어지는 백두대간의 주능선에 해당하며 거창 – 함양 – 장수 – 남원의 4개 행정구역을 지난다.

  사는 곳인 일산에서 거창까지 가는 버스가 있으면 좋으련만 사정이 그렇지 못하기 때문에 이번에도 이른 아침에 서울남부터미널 행 지하철에 올라 가까스로 거창 행 버스에 탑승했다. 안의와 거창을 거쳐 함양까지 가는 버스는 주로 등산객들로 만원이었다. 완행이었으므로 버스는 예상했던 시각을 초과하여 거창터미널에 당도했다.

보통 장거리 라이딩을 하는 날은 이른 새벽에 집에서 볼일을 보고 속을 비운 상태에서 출발하는데 이번엔 그러하지 못했다. 아니나 다를까 터미널 편의점에서 간단한 샌드위치 한 조각을 먹는데 신호가 온다. 라이딩 중에 신호가 오면 정말 위험한데 다행이라 생각하고 화장실을 찾았다. 속은 편안해졌으나 이래저래 시간이 더욱 지체되어 12시나 되어 약 40킬로 떨어진 육십령을 향해 첫 페달 질을 시작했다. 안의터미널에서 온 길을 역주행하는 코스다.

이번 구간의 첫 고개인 육십령으로 향하면서 나는 거창읍과 마리면 사이의 거열터널과 장백터널을 우회하는 코스(거안로)를 선택했다. 터널 우회로임에도 산을 넘어가지는 않고 둘러서 가기 때문에 업다운이 없으며 거리도 별반 차이가 없다.

거안로로 진입하기 위해서는 거창터미널에서 약 2.5km 떨어진 절부사거리를 지나 한시 방향 샛길로 빠져야 한다. 이 우회로는 마리삼

육십령으로 가는 26번 국도

거리에서 좌회전 후 곧 지동교차로에서 3번 국도와 합류한다. 지동교차로를 지나 함양군 안의면 교북교차로까지는 거의 직선주로다. 교북교차로에서 장계방면으로 우회전하여 26번 국도로 갈아타면 육십령에 이르는 길이다.

교북교차로에서 4km 정도 떨어진 곳에 있는 화림동 계곡에는 조선 중기의 문신인 박명부(1571~1639)가 말년에 지었다는 농월정(弄月亭)이 있다. 농월(弄月)이란 달을 희롱한다는 뜻이니 정자에 올라 계곡에 비친 달빛을 보고 선비들이 주연을 즐기고 시를 읊는 모습이 절로 연상된다. 지금은 관광지인 이 계곡을 지날 무렵 문성화 님으로부터 연락이 왔다.

문성화 님은 라이더들이 평생 한 번도 이루기 어려운 백두대간 종주를 네 차례나 완주했으며 국토 종주와 4대강 종주는 물론 전국 4면을 자전거로 달린 분이다. 그는 전국 행정지도에 그동안 달린 길을 빨간 펜으로 그어두고 있는데 놀라운 건 그 역시 나와 마찬가지로 따로 생업이 있다는 사실이다. 대학교수인 그는 주로 주말과 방학을 이용해 5년 만에 전국을 거미줄처럼 이었다. 라이더로서 이런 전설적인 분을 아는 건 행운이다.

벌써 육십령에 올랐다가 거창으로 돌아오던 문성화 님과 육십령으로 향하던 나는 길 한 가운데서 만났다. 완전한 길바닥이었기 때문에 땅에 털썩 주저앉은 우리는 반갑게 인사를 나누었다. 그분과 만남은

2018년 10월에 대구에서 영천까지 길지 않은 거리를 함께 라이딩한 후 1년 만이다. 그는 집이 있는 대구로 돌아가야 하고 난 백두대간을 마저 종주해야 했으므로 아쉬우나 다음을 기약하고 헤어

문성화 교수님과

져서 각자가 가던 길을 갔다. 서로가 '대간꾼'이니 언젠가 백두대간이든 어디에서든 편하게 다시 만나 소주 한잔 함께 기울일 날이 있을 것으로 믿는다.

함양군 서하면에서 육십령에 이르는 26번 국도는 마치 나만을 위한 길인 듯 호젓하다. 한동안 왕복 4차선 도로에 지나가는 차와 마주 오는 차가 한 대도 보이지 않기도 했다.

이윽고 26번 국도와 37번 지방도가 갈라지는 중남삼거리에서 직진하면 약 4.2km의 육십령 업힐 시작이다. 시작지점부터 10%의 경사 안내판이 허벅지 근육을 잔뜩 긴장하게 만들지만 업힐이 어려운 고개는 아니다. 32분 만에 육십령 정상에 섰다. 이화령 양 방면보다는 세지만 미시령 서사면에는 미치지 못하는 수준의 난이도다.

육십령 표지석은 거대한 '양갱'처럼 반듯하다. 경남 함양과 전북 장수의 경계가 되는 이 고개는 산적이 자주 출몰하여 육십 명이 모여야 고개를 넘었기에 육십령이라 불렀다고도 하고 장수 감영과 안의 감영

1 육십령 표지석에 새겨진 백두대간 **2** 육십령 정상의 곰돌이 가족 조형물
3 육십령 정상에 조성된 부락 **4** 육십령 표지석

까지의 거리가 똑같이 60리라 그렇게 불렀다고도 한다. 정상엔 곰돌이 가족 조형물과 생태터널이 있으며 꽤 높은 해발고도(734m)에도 불구하고 촌락이 형성되어 있다.

뉘엿뉘엿 해가 질 무렵 마을에서 모락모락 피어오르는 푸른 연기는 마치 밥 짓는 부뚜막에서 나는 것처럼 정겹다. 물론 밥 짓는 연기는 아닐 테지만 시골 마을의 소박한 풍경이 그렇게 보이게 한다.

원래는 무룡고개까지 넘어 장수온천호텔에서 하루 쉬어가기로 계획을 세웠으나 너무 늦은 시각에 출발한 관계로 그렇게 하기 어려움을 육십령 정상에서 시간을 보내며 깨달았다. 이럴 때를 대비해서 나에게는 플랜 B가 수립되어 있었기에 정상에서 여유로울 수 있었다.

플랜 B란 첫날 목적지인 장수온천호텔까지 가지 않고 육십령 아래 주논개 생가지에서 멀지 않은 곳의 펜션에서 숙박하는 거다.

의기로 알려진 논개의 성은 주 씨다.

그런데 알려진 것과 달리 그녀는 기녀가 아니라 진주성 전투에서 자결한 현감 최경희의 아내였다고 하는데 그녀의 고향마을에 생가를 조성한 것이다. 다만 원래 태어난 곳은 1986년 인공호수인 대곡호를 만들 때 수몰되었기에 지금의 생가지는 1997년 수몰지 인근에 조성한 거다.

주논개 생가지에서 무룡고개까지는 약 6km로서 멀진 않다. 하지만 25km나 떨어진 장수온천호텔까지 가지 못할 바에야 차라리 무룡고개를 넘기 전에 쉬는 게 좋다고 판단하고 주논개 생가지에서 가까운 펜션에서 숙박하는 플랜 B를 가동하기로 했다.

내가 찾은 펜션은 주논개 생가지에서 불과 2km도 떨어지지 않은 대곡교차로에서 장안터널로 우회전 한 다음 마을 길을 따라 2.4km 정도 진입을 하면 있는 한우식당을 겸한 곳이다.

그런데 예상과는 달리 펜션이 있는 곳은 너무나 깊은 산촌이었다. 마을 입구로 진입하는 터널치고는 꽤 긴 350m의 장안터널을 지나 약 2km의 급경사로 아래에 있는 모르면 찾아갈 수 없고 알고도 찾아갈 수 없는 그런 곳이었다.

육십령 정상의 다른 표지석   의암 주논개 생가지

그런 곳인지 진작 알았다면 절대로 가지 않았을 것이다. 백두대간 종주란 기본적으로 고개를 넘어 다니는 것이기 때문에 종주에 필요한 고개가 아니라면 가능한 (고개를) 피하고 싶은 것이 라이더의 마음이다. 하지만 그렇게 긴 내리막인 줄 몰랐기에 자전거를 되돌리지 못하고 결국 산하촌(山下村)까지 가고 말았다.

펜션은 의외로 수영장까지 갖춘 곳이었지만 관리가 잘 되어 있진 않았다. 대신 내게 내어준 방의 가격은 파격적이었다. 방을 내어주고도 열쇠를 주지 않는 주인에게 열쇠를 달라고 하자 여긴 그런 거 필요

없다고 한다. 하긴 숙박 손님이 나밖에 없고 자전거를 가지고 달아나려면 2km가 넘는 가파른 언덕길을 올라야 하니 보통 사람은 해내기 어려운 일일 것이다.

식당에서 육회비빔밥을 싹싹 비우고 방에 들어와 채널을 돌려 인기 프로 '나는 자연인이다'를 연속해서 보다 잠에 빨려들었다.

산속의 아침은 도심의 아침과 달리 상쾌하다. 아침을 먹고 펜션을 나서 이번엔 마을 입구까지 2km를 업힐했다. 이름도 없는 마을 언덕길이라고 해서 절대로 만만하게 봐서는 안 된다. 그동안 백두대간을 종주하면서 유명한 고개보다 훨씬 센 무명고개를 여러 번 만났다. 무룡고개와 복성이재와 여원재를 차례로 지나야 하는데 아침부터 너무 힘을 쏟는 게 아닌가 하는 우려가 들었지만 마을을 벗어나 종주를 계속하려면 어쩔 수가 없는 일이다.

다음 목표인 무룡고개는 마을 입구인 대곡삼거리를 약간 지난 지점부터 정상까지 약 4km다. 이미 오른 육십령과 무룡고개 그리고 나중에 오를 복성이재의 특징은 업힐의 시작점이 매우 뚜렷하다는 것이다.

무룡고개는 4km를 오르는데 약 42분이나 걸린 예상외로 상당히 힘든 고개였다. 고개 정상에 표지석은 없으나 등산로 안내판과 생태터널이 있어 인증은 할

무룡고개 생태 터널

수 있다. 다만 생태터널 앞뒤 어디에도 고개 이름이 부착되어 있지는 않다.

무룡고개에서 내려오면 길이 140m의 아주 짧은 지지터널이 나타난다. 이 터널을 빠져나와 6km 정도 달리면 대곡호와 마찬가지로 인공호수인 동화호가 나타난다. 이 호수에도 대곡호처럼 실향민들을 위한 망향비가 설치되어 있다.

호수 둘레를 5km 정도 달리면 두견삼거리가 나오는데 여기서 인월·야영 방면으로 좌회전해서 약 4.9km를 업힐하면 복성이재다. 무룡고개보다 900m나 길지만 거의 같은 시간을 쓰며 올랐으니 난이도가 이화령보다 조금 높은 수준의 고개다.

그런데 복성이재 정상에는 인증할 만한 것이 마땅치 않고 고개 정상에서 1km 정도를 내려가면 성암마을 입구 삼거리에 복성리 표지석과 복성이재를 알리는 표지목이 설치되어 있다.

복성이재 표지목

표지목을 지나쳐 하성마을 방면으로 직진을 하면 복성이재는 특별히 기억할 만한 고개는 아니다. 난 특별한 것 없는 이 고개를 2km 가까이 다운한 후에야 또 길을 잘못 들었다는 사실을 깨달았는데 자전거를 되돌려 내려온 길을 올라가 보니 복성이재 표지목이 들어서 있는 성암마을 삼거리에서 꺾어지듯 우회전하면 나오는 성암마을을 통과하는 옛길(성암길)이 여원재와 남원으로 가는 지름길이었다. 이 길은 마을 언덕길답게 무시무시한 경사를 나타내 일부 구간에서는 자전거에서 내려 조심스럽게 마을 아래 유정삼거리까지 내려갔다.

1 성암마을 삼거리 (좌측 하단이 성암길이다)
2 남원고속버스터미널

유정삼거리에서 여원재를 거쳐 남원에 이르려면 남원으로 바로 가는 것과 비교해 약 7km를 돌아가야 한다. 그런데 장수군에서 남원시로 향하는 길의 여원재는 거의 평지라 들었다. 복성이재의 해발고도가 550m고 여원재는 470m니까 남원 방면에서 오르면 모르되 장수 방면에서는 내리막 수준일 수밖에 없을 것이다.

백두대간을 종주하다 보면 고개를 지나더라도 넘었다고 말하기 쑥스러운 경우가 있는데 장수군에서 남원시로 가는 여원재 길목이 그러하다. 버스 시각에 아주 여유가 없진 않았지만 복성이재를 내려오다 헤매 시간을 까먹고 심리적 불안감도 있어 난 이번 종주 구간에서 여원재는 건너뛰기로 했다.

"인생은 역시 플랜 B다."

이로써 2019 백두대간 투어, 육십령 – 무룡고개 – 복성이재 구간을 마쳤다. 어느덧 자전거는 지리산 정령치 – 성삼재 구간으로 향한다. 멀고 험하게 느껴지던 백두대간 종주의 끝에 성큼 다가선 것이다.

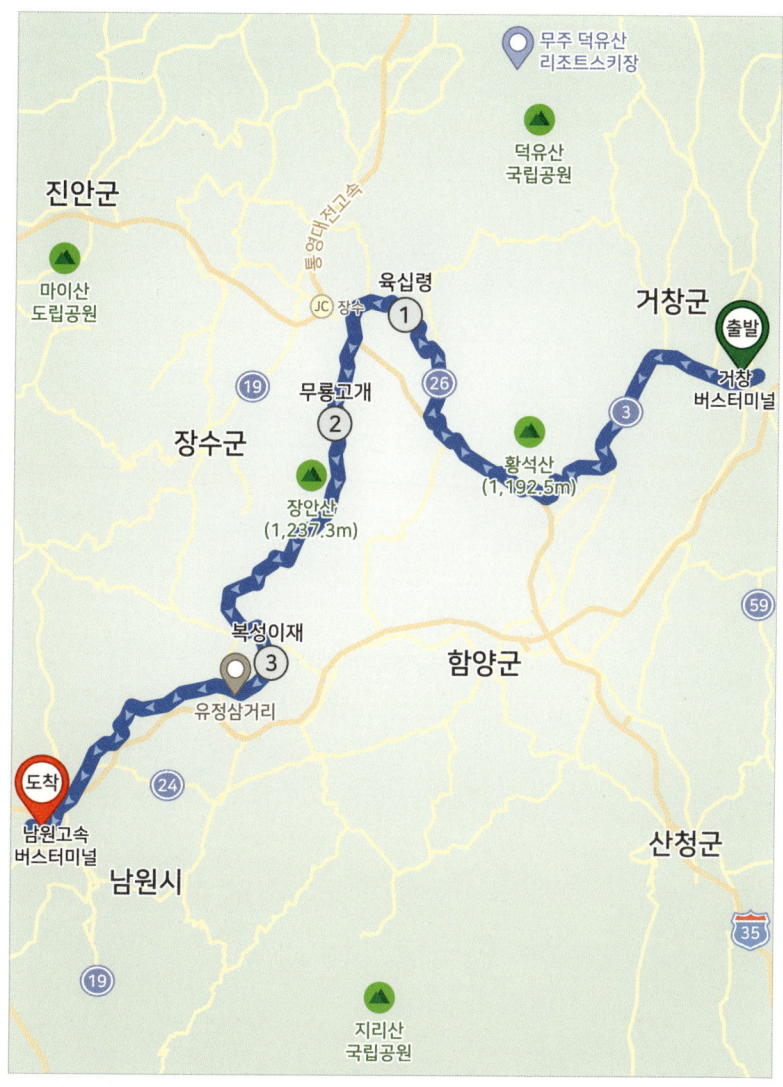

13구간 전체 경로

마음이라는 가장 높고 험한 산

▸▸▸ 제14구간 : 정령치 - 성삼재 - 오도재 - 지안재

▶▶▶ 제14구간 : 정령치▶성삼재▶오도재▶지안재

    2019년 11월 2일 이른 새벽, 집을 나서 서울남부터미널로 가기 위한 지하철에 탑승했다.
    첫차임에도 몇 정거장 지나지 않아 지하철 좌석은 만원이 되었다. 이른 새벽 좌석을 차지한 이들 대부분은 노인들이다.
    2018년 기준으로 우리나라의 65세 이상 노인 비율은 약 15%로서 고령사회에 접어들었다. 노인의 연령 기준을 올리지 않는 한 머지않은 미래에 노인 인구가 전 연령층 가운데 최다를 차지할 것은 명확한 사실이다. 노인공화국이 머지않았다. 이제 정치 · 경제적으로 노인들의 목소리는 지나간 유행가가 아니라 최신 인기 가요다.
    지난 백두대간 종주 라이딩을 남원고속버스터미널에서 마쳤으므로 이번엔 남원에서 출발하여 정령치 - 성삼재에 올랐다가 오도재 - 지안재를 지나 함양에서 마치기로 했다.

남원은 지난 백두대간 종주 라이딩을 마친 곳이기도 하지만 2018년에 지리산 종주 라이딩을 위해 갔던 곳이기도 하다. 그해에 나는 2박 3일의 일정 동안 정령치 - 성삼재 - 지안재 - 오도재 등을 차례로 넘는 야심찬 지리산 종주 계획을 수립했는데 그만 이튿날 정령치에서 남원 방면으로 내려오다 넘어져서 오른 무릎을 크게 다친 적이 있다.

불행 중 다행으로 뼈 또는 인대에 손상이 가지는 않았지만 무릎 부위의 피부가 심하게 찢겨 결국 허벅지 피부를 떼어내 이식수술을 받았다. 사고 후유증으로 한동안 걷는 것도 힘겨웠으며 다시 자전거에 오른 후에도 내리막에 대한 트라우마로 인해 흔히 '과속방지턱'이라고 하는 작은 언덕조차 내려갈 수 없었다. 내려가는 게 두려웠으니 올라갈 수 없었을 터. 하지만 우리나라의 라이더에게 업힐은 숙명이다.

백두대간, 백두산에서 지리산까지 한 번도 끊기지 않고 약 1,400km나 이어진 큰 산줄기를 말한다. 한반도 남부로 국한하면 설악산부터 지리산까지 684km이며, 이 가운데 자전거로 오를 수 있는 고개는 보통 고성 진부령부터 구례 성삼재 사이의 육십여 개를 든다.

3년 전, 오랜 친구의 권유로 라이딩을 시작했을 때 놀랐던 것은 인천에서 부산까지 또는 그 반대의 600여 킬로미터를 오로지 자전거를 타고 종주하는 사람들이 있다는 것이었다. 그런데 이보다 더 놀라운 사실은 설악산-오대산-태백산-소백산-속리산-덕유산-지리산으로 이어지는 백두대간을 자전거를 타고 종주하는 사람들이 있다는 거였다.

백두대간을 자전거로 종주한다?

백두대간 자전거 종주는 우리가 흔히 아는 도보 종주와는 개념이 다르다.

도보 종주는 능선을 따라 걷는 것을 의미하는데 자전거 종주는 백두대간의 고갯길을 동서로 또는 남북으로 오르내리면서 종주하는 것을 말한다. 따라서 고성 진부령부터 구례 성삼재까지 684km라고 해도 이 구간을 자전거로 종주할 경우 거리가 두 배 이상 늘어나기 마련이다.

그런데 말한 바와 같이 진부령에서 성삼재까지 자전거로 오르내릴 수 있는 고개는 육십 개가 넘는다. 따라서 자전거로 백두대간을 종주한다 함은 결국 육십 개 안팎의 고개를 오르내리는 일을 말한다.

처음부터 이 어려운 일을 할 결심은 아니었다. 무릎이 낫고 업힐과 다운힐에 대한 자신감도 다시 생긴 2019년 봄, 나는 자전거로 오를 수 있는 백두대간 고개 가운데 널리 알려진 것들 위주로 등정할 생각이었다. 그러니까 고개와 고개를 이어가는 종주가 아니라 고개를 넘어가거나 올라갔다가 도로 내려오는 원점 회귀 방식의 라이딩을 생각한 것이다. 그래서 눈이 채 녹기도 전에 설악산 한계령과 미시령에 오르고 꽃이 피기 전에 지리산 성삼재 등정을 마쳤으나 고개와 고개를 이어 간 것은 아니었다.

춘향묘

종주의 순간은 우연히 찾아 왔다. 원래의 계획은 양양 조침령과 홍천 구룡령에 차례로 올랐다가 도로 양양으로 돌아갈 계획이었지만 시간 관계상 양양으로 돌아가는 대신 구룡령 아래에서 1박을 하고 내친김에 평창 운두령까지 넘은 것이다.

이렇게 종주를 시작해서 지난번 라이딩까지 쉰여덟 개의 백두대간 고개를 자전거를 타고 넘어왔다. 이제 지리산만 넘으면 백두대간 종주 완성이다.

남원고속버스터미널에서 정령치까지는 약 22km로서 먼 길은 아

춘향묘 표지석

정령치 표지석 앞에 선 필자

니다. 문제는 22km 가운데 약 13km가 업힐이라는 점이다. 남원고속터미널 또는 시외버스터미널에서 오르면 업힐의 시작은 춘향묘 맞은 편의 육각 정자인 육모정에서 시작한다. 춘향은 소설 속의 인물이라 묘가 있을 리 없으나 남원시에서 가묘를 조성해 놓았

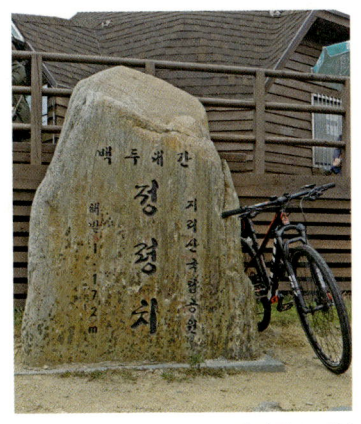

정령치 표지석

다. 이탈리아의 베로나에 가면 줄리엣의 집도 있는 만큼 춘향전의 무대인 남원에서 춘향묘를 꾸며 놓은 건 이해를 한다.

그런데 가묘를 조성한 배경이 좀 마뜩잖다. 부덕(婦德)의 으뜸인 정절을 되살려 온 누리를 밝히기 위함이라는데 오늘날에도 부덕의 으뜸이 과연 정절인지 또 이것이 무엇을 말하는지는 다시 생각해 볼 필요가 있다.

125개의 계단을 딛고 춘향묘에 올랐다가 잠시 숨을 고르고 본격적으로 정령치를 향한다. 무려 12.9km나 계속되는 정령치 업힐이 얼마나 고통스러운지는 2018년에 경험했기에 이번에는 업힐 구간을 절반으로 나누어 고기교차로 못 미쳐 쉬었다가 올라가기로 했음에도 교차로 바로 아래의 쉼터(카페)를 그냥 지나쳤다. 이어 고기댐마저 지나면 쉴 곳이 전혀 없다는 걸 알면서도 자전거에서 내리지 않고 무려 두 시

간 동안이나 페달 질을 계속한 결과 마침내 정령치 정상에 설 수 있었다. 그때까지 태백에서 삼척 사이의 댓재(12.2km)에 오르면서 걸린 103분을 아주 가볍게 뛰어넘은 최장 시간 업힐 기록이다.

사실 지난봄에 반대편인 구례를 출발해서 성삼재 정상에 이미 오른 적이 있기에 정상에 오른 것을 기준으로 하면 이것으로 백두대간 라이딩을 마쳤다고 해도 뭐 틀린 말은 아니며 그동안의 생고생을 회상하며 눈물 한 방울 떨구어도 되겠지만 완전한 종주를 꿈꾼 난 잠시의 휴식 뒤에 성삼재로 향했다.

이른 새벽부터 두 시를 넘긴 그때까지 변변히 먹은 게 없어 휴게소에서 요기하려고 했으나 배를 채울 거라고는 컵라면밖에 없다. 라면을 먹고 성삼재를 오를 순 없을 것 같아 잠시 휴식만 취한 후 정령치와 성삼재가 이어지는 달궁삼거리까지 6.1km를 다운했다. 그런데 고개를 내려가는 도중에 다리가 뒤틀리는 게 아닌가. 지난 성삼재 업힐할 때도 이런 적이 있었기 때문에 곧 자전거에서 내려 뭉친 근육을 풀어보려 했으나 뒤틀린 다리가 쉽게 회복되진 않았다.

'이 다리로는 성삼재에 오르지 못하겠구나. 그럼 내일 성삼재에 올라야 하나? 그랬다가 오도재 넘어 함양까지 갈 수가 있을까?'

흔히 쥐가 난다고 하는 근육경련이 잦은 편이라 평소에 마그네슘을 상복하는 나는 이럴 때를 대비해서 효과 빠른 마그네슘 앰플을 라이딩 배낭에 비치해 두었는데 세 개 중 마지막 남은 것을 복용하고 나니

다리가 가벼워지는 것이 느껴진다. 두 개는 언제 복용했는지 기억나지 않지만 앞서 백두대간을 라이딩하며 다리에 경련을 느낀건 성삼재와 영주 마구령에서다.

달궁삼거리에 도착해서 난 망설임 없이 성삼재로 향했다. 정령치 양 방면과 성삼재 양 방면 가운데 그래도 가장 쉬운 코스가 달궁삼거리에서 오르는 성삼재라고

성삼재 정상의
라이온즈 클럽 자연보호 사자상

했다. 달궁삼거리에서 성삼재 정상까지는 5.4km로서 충북 괴산에서 경북 문경 방면으로 오르는 이화령의 업힐 거리와 거의 같다.

하지만 업힐 거리가 비슷다고 해서 난이도까지 같은 건 아니다. 반대 방향과 비교해 상대적으로 쉽다는 말이지 섬삼재는 성삼재였다. 5.4km의 아주 길진 않은 이 코스를 오르는데 무려 58분이나 소비했다. 거리와 시간을 단순 비교하면 경사는 12.9km의 정령치보다 세다는 뜻이다. 그러나 실제로는 평길 같은 구간도 있음을 감안하면 아마도 정령치를 오를 때 장시간 많은 힘을 쏟은 결과 시간이 많이 소요되지 않았을까 생각한다.

어쨌든 거의 세 시간에 걸쳐 자전거로 오를 수 있는 지리산의 가장

높은 두 곳인 정령치(1,172m)와 성삼재(1,102m)를 무정차로 올랐다.

노고단 등산로 입구인 성삼재 정상은 등산객들로 늘 붐비는 곳으로 너른 주차장이 마련되어 있다. 그러나 정상까지 오르는 도로는 노폭이 좁고 갓길도 변변치 못하며 가파른 경사길이라 위험이 따른다.

자전거를 가지고 휴게소 앞의 전망대에 이르자 등산객들이 신기한 듯 쳐다본다. 한 아주머니가 "힘들어서 여길 어떻게 자전거를 타고 올라왔느냐?"고 묻기에 "힘들게 올라왔다"고 말해주었다. 힘이 안 들었다면 그건 틀림없는 거짓이다. 휴게소에서 음료를 사서 마시는데 매점 아가씨가 "영수증 드릴까요?"라고 묻기에 "영수증 한 장 무게라도 줄여야 한다"고 대답했다. 그것이 당시 내 진심이었다.

흔히 백두대간 종주는 성삼재에서 완성된다고 한다. 이는 진부령에서 출발해서 남진할 경우 성삼재가 백두대간의 가장 남쪽에 있는 고개이기 때문이기도 하지만 높고 경사가 세서 오르기 힘들기 때문이기도 하다. 즉 백두대간 육십 고개를 넘어 성삼재 바로 아래까지 왔다고 해도 성삼재에 오르지 못하면 백두대간을 종주했다고 할 수 없다.

이로써 지난봄에 이어 성삼재 정상에 두 번째로 섰다. 마침내 백두대간의 끝에 이른 것이다.

'수미쌍관(首尾雙關)' 식 종주 라이딩을 완성한 난 성삼재 정상에서 주먹 한번 불끈 쥐고 올라온 길을 도로 내려갔다. 달궁삼거리에서 민박촌까지는 2.5km가 조금 넘는 내리막의 연속이다. 마을 입구에 도착했을 당시의 시각이 정확히 다섯 시 반이었다. 집을 나선지 열 두 시간 만이다.

마을은 아주 작은 산촌임에도 불구하고 민박과 펜션, 토속음식점들이 즐비하다. 지리산 종주를 꽤 치밀하게 준비했기에 이곳에서 숙박이 가능한 곳을 전화로 미리 알아두었는데 다른 곳으로 갈까 하다가 가격을 물어보기도 그렇고 해서 전화를 걸었던 펜션으로 갔더니 주인 아주머니가 용케 기억한다. 예약을 한 건 아니지만 나는 전화를 걸었던 펜션을 찾아 갔고 주인은 미리 말했던 가격에 방을 내어주었다. 가격은 저렴했으나 그런 만큼 관리 상태가 좋진 않았다.

펜션을 나와 근처 식당에서 산채비빔밥과 감자전을 시켜 맥주 한 잔을 하며 백두대간 종주를 자축했다. 사실 그 동안 백두대간을 종주하면서 저녁에도 술 한 모금 입에 댄 적이 없었다. 나에게 백두대간은 뭐랄까, 자기 극복의 길 같은 것이다.

앞서 성삼재에서 백두대간의 끝에 이르렀다고 말하긴 했으나 그건 라이터의 세계에서 그렇게 알려진 것이고 사실 백두대간의 진짜 끝이 어디인지는 논란이 있어 보인다. 흔히 구례 성삼재에서 백두대간의 마침표를 찍는다고 하지만 백두대간은 지리산 영신봉(1,652m)에서 끝이 나고 다시 낙남정맥으로 이어진다는 게 정설이다.

낙남정맥이란 낙동강 남쪽에 있는 백두대간의 지맥으로 지리산에서 동남쪽으로 흘러 김해 분성산(382m)까지 이어지는 정맥이다. 그런

오도재 남사면 시작점

데 영신봉은 지리산의 주봉인 천왕봉(1,915m)의 인근에 위치한 위성봉으로서 두 봉우리는 모두 함양군 마천면에 소재하고 있다. 그렇다면 백두대간의 남쪽 끝은 남원도 구례도 아닌 함양으로 보는 것이 타당하다.

함양에서 자전거로 지리산에 오를 수 있는 고갯길이 없다면 모르되 그렇지 않다면 자전거를 타고 갈 수 있는 데까지 가보아야 할 것이다. 내가 백두대간 종주 라이딩을 완주하면서 함양 오도재와 지안재를 옵션이 아닌 필수 코스로 삼은 건 그런 이유다.

오도재와 이어져 있는 지안재는 이미 2017년에 함양을 출발해서 한 차례 오른 적이 있다.(함양에서 출발할 경우 순서가 지안재 - 오도재다) 달궁마을에서 오도재까지는 약 28km 떨어져 있는데 오도재 업힐이 시작되는 지점부터 정상까지 약 6.4km를 제외한 20km 이상이 줄곧 내리막이다.

하지만 고개가 시작되는 금계마을 부터는 사정이 아주 다르다. 오도재 남사면은 쉬어 가는 코스가 아주 없는 건 아니지만 시작부터 위협적인 업힐이다. 나는 정상까지 61분 만에 무정차로 올랐다. 구례에서 출발하면 성삼재 정상 아래 시암재 휴게소가 있듯 오도재도 정상 아래에는 조망공원휴게소가 있다. 자칫 이곳을 정상으로 착각할 수도 있는데 오도재 정상에는 지리산 제1관문이 우뚝 서 있으며 표지석과 너른 주차장을 가진 다른 휴게소도 있다.

오도재 표지석

마치 피니시라인 같은 지리산 제1 관문을 통과하는 나를 보더니 관문을 배경으로 사진을 찍고 있던 등산객들이 모두 박수를 쳐주었다. 라이더로서 희열을 맛보는 순간이었다.

오도재에 먼저 오르면 지안재까지는 내리막이라 나의 2019 백두대간 종주 라이딩은 사실상 오도재에서 마무리한 셈이 되겠다. 하지만 함양읍에 들어가 사우나도 할 겸 정상에서 돌아가는 차편을 여유 있게 예약한 난 오도재 북사면을 2km 남짓 내려가다가 자전거를 멈추었다. 오도재 정상으로 도로 올라가기 위함이었다.

오도재 북사면은 남사면에 비하면 1km 정도 짧으나 경사는 더욱 가팔라서 마치 절벽처럼 보이기도 한다. 2017년 여름에 이곳을 오르다 정상을 2km 정도 남겨둔 지점에서 그만 자전거에서 내린 적이 있었는데 내려가다가 그 지점을 발견하고는 오기가 발동했다.

정상까지 남은 거리는 2.2km. 풀 코스는 아니더라도 사실상 오도

조망공원 휴게소에서 바라본 지리산 전경

재의 하이라이트 구간이다. 전 날 정령치와 성삼재 당일에 오도재 남사면을 쉬지 않고 넘은 난 북사면마저도 깨끗이 오름으로써 당분간 지리산에 올 일이 없도록 할 작정이었다.

  단단히 마음의 준비를 했음에도 오도재 북사면은 과연 강한 상대였다. 속도계는 좀처럼 0에서 오르지 않았다. 오도재 남사면을 비롯해 강한 업힐 구간을 만나면 속도계에 0이 찍히는 경우가 간혹 있긴 한데 이번처럼 지속적으로 '0'이 찍히는 경우는 처음 봤다. 하지만 난 결국 해냈다. 오도재 북사면 2.2km를 37분 만에 무정차로 오른 것이다. 37분이면 어지간한 고개라도 4km 이상을 오를 수 있는 거린데 오도재 북사면이 과연 '갑'이다.

오도재 북사면의 무시무시한 경사

옹녀 조형물   변강쇠 장승 조형물

깨달음은 깨닫는 것도 깨닫지 않는 것도 아니니(覺非覺非覺)

깨달음 자체가 깨달음 없이 깨달음을 깨닫는 것이네(覺無覺覺覺)

깨달음을 깨닫는다는 것은 깨달음을 깨닫는 것이 아니니(覺覺非覺覺)

어찌 홀로 참깨달음이라 이름하리요(豈獨名眞覺)

오도재를 오르내리면서 득도했다는, 임진왜란 때 승병장으로 활동하기도 한 청매선사(1548~1623)가 지었다는 오도재 정상의 바위에 새겨진 십이각시(十二覺時)다. 시가 시(詩)가 아니라 왜 시(時)인 줄은 잘 모르겠으나 시 가운데 깨닫는다(覺)는 말이 열두 번 나오니 십이각시인 건 알겠다.

사실 오도재 북사면을 오를 때 표지석이 보이는 정상 아주 가까운 곳에서 벌을 쫓느라 그만 넘어질 뻔했다. 어쩔 수 없이 자전거에서 내려 수십 미터 정도 자전거를 끌고 올랐는데 그만 만족하라는 뜻으로 깨닫고 내려갈 때 아주 조심스레 내려갔다.

천천히 내려가다 보니 비로소 보인다. 이곳이 변강쇠와 옹녀가 살던 고장이라는 것이. 게으른 변강쇠는 나무하기가 귀찮아 마을 어귀의 장승을 뽑아다가 땔감으로 썼다. 그 바람에 장승으로 변해 죽었다고 전해진다. 오도재 북사면에는 장승으로 변한 변강쇠와 옹녀의 조형물이 있다.

자전거는 인간이 스스로의 힘으로 움직일 수 있는 가장 빠른 이동수단이다. 차량 등 사람의 힘이 아닌 다른 에너지에 의존하는 이동수단에 비해 속도가 떨어지지만 오늘날 서울 도심에서 차량의 평균 이동속도가 채 20킬로도 되지 않는다는 점을 감안하면 꼭 그렇지만도 않다.

올림픽 종목을 비롯한 운동으로서의 자전거 경주는 당연히 얼마나 빠르게 달리느냐는 것이다. 그래서 자전거의 역사는 어떻게 보면 증속(增速)의 역사다. 트랙 종목에 출전하는 자전거에 브레이크조차 장착하지 않는 것은 무게를 줄여 조금이라도 속도를 높이고자 함이다.

세상은 빠르게 흘러간다. 21세기의 일 년이란 조선왕조 오백 년의 세월에 맞먹는 시간이다. 우리 주변에서 가장 흔히 듣는 말 가운데 하나는 '빨리빨리'이다. 현대사회는 '빨리'와 '빠르게'에 중독되었다. 인터넷 속도는 더 빨라야 하며 숙제도 빨리, 일도 빨리 처리해야 한다. 머뭇

거리거나 잠시도 지체해서는 안 된다. 차량은 더 빠르게 달려야 한다.

이처럼 '빨리'와 '빠르게'가 시대의 미덕이다 보니 이에 대한 반성이 없는 것은 아니지만 적어도 운동경기만큼은 절대 예외다.

올림픽 슬로건 가운데 제일 앞 선 것도 바로 '빨리'이다. (더 빨리, 더 높이, 더 힘차게)

그런데 속도가 미덕인 스포츠에서 '자전거 느리게 달리기 대회'가 있다고 한다. 오래전에 인도에서 이런 경기가 열린다는 걸 어느 기사에서 읽은 적이 있는데 최근에는 국내에서도 비록 이벤트성이긴 하지만 지자체별로 시행한다고 한다.

사실 빠르게 달리기보다 어려운 것이 바로 자전거를 느리게 타는 것이다. 속도가 없으면 자전거는 쓰러진다. 쓰러지지 않고 최대한 느리게 목적지에 닿는 건 초인적인 인내를 요하는 일이다.

자전거를 시작하고 나서 누가 떠민 것도 아닌데 짧은 기간 동안 내가 너무 공격적으로 라이딩을 한 것이 아닌가 하는 생각이 들 때가 있다. 라이딩의 가장 좋은 점이 자연과 일체감을 느끼는 것인데 속도에 취해 정해진 시간 안에 목적지에 도달해야 한다는 강박관념 때문에 산과 강과 들을 그냥 지나치지 않았는가.

어찌 보면 라이딩은 인생의 거울이다. 자전거를 타는 모습을 보면 그 사람이 어떻게 사는지도 알 수 있다고 하면 과언일까.

'멈추면 비로소 보인다'고 한다. 이 말은 자전거에 가장 잘 어울린다.

자전거를 되돌린 곳을 지나 꼬부랑길로 유명한 지안재에 도착했다. 재작년 여름엔 무정차로 오르느라 사진도 남기지 못한 곳이다. 정상에서 보니 주로를 오르고 내리는 자동차와 오토바이들이 마치 장난감처럼 보인다.

지안재에서 함양읍까지는 내리막이라 2019 백두대간 투어를 내리막에서 마무리하게 되었다. 산에 오르는 목적은 분명하다. 바로 내려가기 위해서다. 등산은 곧잘 인생과 비교된다. 산에 오르막이 있으면 내리막이 있듯 인생도 그러하다는 것이다.

대통령이 되기 전에 등산을 즐겼다는 김영삼 대통령은 임기 말에 박찬호 선수를 청와대로 초청해 "올라갈 때가 있으면 내려갈 때가 있다"고 말했다고 한다.

메이저리그에서 막 성장하던 젊은 선수를 불러 어떤 의미로 그 같은 말을 했는지는 몰라도 아마 즐기던 등산을 통해 인생 철학을 얻지 않았나 싶다.

등산뿐만 아니라 라이딩 또한 그러하다. 업힐을 하고 나면 반드시 다운힐이 따르는 법이다. 라이딩은 바로 '업 앤 다운'의 연속이다.

어떤 라이더들은 '쏘는 맛' 즉 다운힐 때문에 라이딩한다고 하고 다운힐은 업힐에 대한 보상이라고 하지만 어떻게 보면 업힐 보다 어려운 것이 다운힐이다. 자전거 사고도 다운힐에서 많이 일어난다. 그렇다면 내리막이 과연 오르막에 대한 보상일까.

어쩌면 40년 정치 역정에서 가장 어려운 길을 가고 있었을지도 모를 YS는 내려갈 때가 올라갈 때보다 어렵다는 것을 비로소 깨달았을지도 모른다.

'한국의 아름다운 길'로 보기와 다르게 아주 가파른 악마의 언덕인 만큼 브레이크를 쥐고 조심해서 지안재를 내려왔다. 언젠가 이렇게 말할지도 모르겠다. '역시 다운힐이 가장 어려웠다'고. 인생이 그러하듯.

오도재를 내려오다가 다시 오르는 바람에 함양읍에 도착해서 사우나를 할 시간은 놓쳤으나 충분히 만족할 만한 백두대간 종주 라이딩의 마무리였다.

그동안 백두대간을 종주하면서 설악산 · 오대산 · 태백산 · 소백산 · 속리산 · 덕유산 · 지리산 등 7개 명산을 두루 거쳤으며, 강원도 · 경상북도 · 충청북도 · 전라북도 · 전라남도 · 경상남도 등 6개 광역단체를 지나는 동안 28개 시군(인제 · 고성 · 속초 · 양양 · 홍천 · 평창 · 강릉 · 정선 · 동해 · 삼척 · 태백 · 영월 · 봉화 · 영주 · 단양 · 문경 · 충주 · 괴산 · 상주 · 보은 · 김천 · 영동 · 무주 · 거창 · 장수 · 남원 · 구례 · 함양)을 통과했다. 총 주행거리는 1,481km에 달하고 62개 고개를 넘었다.

또 뭐가 있더라? 아마도 개들에게 서너 번쯤은 쫓긴 것 같다.

하지만 백두대간을 종주한다 함이 어찌 고개를 넘는 일뿐이겠는가. 채 눈이 녹지도 않은 정상에서 다운힐하다가 몸이 얼기도 하고 강풍

한국의 아름다운 길에 선정된 지안재

에 절벽에서 날려갈 뻔도 했으며 한 치 앞도 볼 수 없는 짙은 안개와 어둠을 헤치고 나가기도 했다. 또한 아스팔트도 녹일 듯한 무더위 속에서 허리가 끊어질 듯한 고통을 견뎌내기도 했다. 무엇보다 자전거를 타고 백두대간을 넘는 것은 실은 나태와 두려움을 물리치고 자기 자신을 극복하는 일이다.

가장 크고 높고 험한 산은 다름 아닌 바로 내 마음의 산이다.

14구간 전체 경로

내려오면서

'호모 사이클링쿠스'를 위하여!

어른과 아이의 차이는 가지고 노는 공이 다르다는 것이다.

어려서 구슬치기(요즘 아이들은 뭔지 모르겠지만)하던 아이는 조금 커서 축구공을 가지고 놀다 대학에 들어가면 당구를 즐긴다. 그리고 사회생활을 하면서 골프를 배운다.

먼 훗날 우리의 후손들은 우리를 가리켜 공을 가지고 노는 인간이라는 뜻에서 '호모 볼링쿠스(Homo Ballingcus)'라고 명명할지도 모른다.

일단의 과학자들은 우리가 살아가는 현시대를 '인류세(人類世·Anthropocene)'라고 부른다. '세'란 지구의 지질시대를 구분할 때 쓰는 용어인데 인류세란 인류에 의해 지구의 기후와 생태계가 변하는 시대라고 한다. 그리고 인류세의 특징으로 닭뼈를 든다. 먼 훗날 인류세를 대표할 화석으로 닭뼈가 무더기로 출토될 것이라는 거다. 닭은 지구상에서 한해에 600억 마리 가량이 소비된다고 한다. 한 사람이 일 년 동안 먹고 마시는 '치맥'을 고려해 보면 합리적인 산출이다.

그런데 라이딩을 하면서 이런 생각을 해보았다. '볼링쿠스'나 '인류세'도 그럴듯하지만 어쩌면 우리가 훗날 '호모 사이클링쿠스(Homo Cyclingcus)'라고 불릴지도 모르겠다는.

바퀴가 인류의 문명 발달에 엄청나게 기여했음은 주지의 사실이다. 15세기를 전후로 찬란한 문명을 이루었던 잉카제국은 아이러니하게도 바퀴를 발명하지 못했다고 하는데 만약 그들에게 보다 빠르게 이동할 수 있는 바퀴가 있었더라면 채 삼백 명도 되지 않는 스페인 군대의 의한 멸망을 피할 수 있었을 지도 모른다.

문명은 인간의 가장 뛰어난 발명품이라는 바퀴에 의해 발전했다고 해도 과언이 아니다. 바퀴는 인간에게 속도를 선물했다. 자동차도 비행기도 바퀴가 없었다면 결코 탄생할 수 없었을 것이다. 우리가 즐기는 자전거도.

오늘날 길 위에는 셀 수도 없을 만큼 많은 바퀴가 굴러다닌다. 혼자 굴러다니는 바퀴는 없고 모두 사람들이 타고 있다. 그렇다면 먼 훗날, 바퀴를 타고 다녔다는 뜻에서 우리를 '호모 사이클링쿠스'라고 해도 그른 말은 아니지 않을까.

필자처럼 산을 오르든 강을 따라가든 사막을 횡단하든 이 책을 이 시대를 함께 굴러가는 모든 '호모 사이클링쿠스' 형제들에게 바친다.

[끝]

부록

백두대간 종주 라이딩 결산

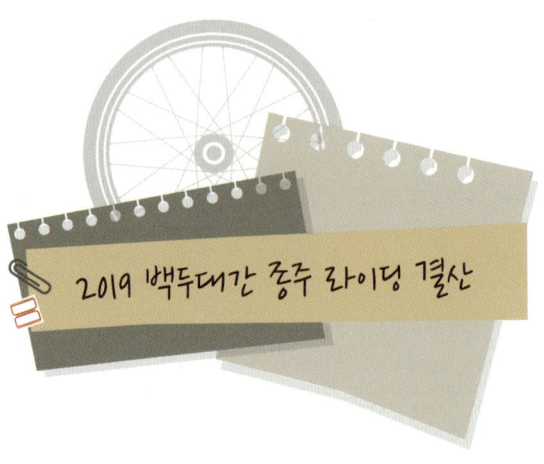

2019 백두대간 종주 라이딩 결산

◉ **지나간 광역단체**
강원도, 경상북도, 충청북도, 전라북도, 전라남도, 경상남도 등 6개

◉ **거쳐간 산역(山域)**
설악산, 오대산, 태백산, 소백산, 속리산, 덕유산, 지리산 등 7개

◉ **통과한 시군**
인제, 고성, 속초, 양양, 홍천, 평창, 강릉, 정선, 동해, 삼척, 태백, 영월, 봉화, 영주, 단양, 문경, 충주, 괴산, 상주, 보은, 김천, 영동, 무주, 거창, 장수, 남원, 구례, 함양 등 28개

◉ **총 주행거리**
1,481km

◉ 오르고 넘어간 고개

① 1.진부령 – 2.미시령 – 3.한계령
② 4.조침령 – 5.구룡령 – 6.운두령
③ 7.진고개 – 8.싸리재 – 9.대관령 – 10.안반데기 – 11.닭목령
④ 12.삽당령 – 13.버들고개 – 14.갈고개 – 15.백복령
⑤ 16.댓재 – 17.건의령 – 18.삼수령 – 19.화방재 – 20.만항재 – 21.두문동재
⑥ 22.내리고개 – 23.우구치 – 24.도래기재 – 25.주실령 – 26.마구령
⑦ 27.죽령 – 28.빗재 – 29.벌재 – 30.여우목고개
⑧ 31.하늘재 – 32.지릅재 – 33.소조령 – 34.이화령
⑨ 35.버리미기재 – 36.늘재 – 37.밤티재 – 38.활목재 – 39.장고개
　　– 40.비조령 – 41.화령
⑩ 42.신의터재(신의티) – 43.지기재 – 44.개머리재 – 45.큰재
　　– 46.옥계고개 – 47.작점고개 – 48.괘방령
⑪ 48.괘방령 – 49.우두령 – 50.마산령 – 51.안간재 – 52.부항령
⑫ 53.덕산재 – 54.오두재 – 55.빼재
⑬ 56.육십령 – 57.무룡고개 – 58.복성이재
⑭ 59.정령치 – 60.성삼재 – 61.오도재 – 62.지안재 등 62개
　(종주 중 서사면과 동사면을 모두 넘은 괘방령은 1개 고개로 침)

백두대간 종주 구간별 특징 및 코스

제 1구간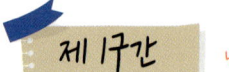

인제 백담입구시외버스터미널 - 진부령 - 미시령 - 한계령 - 양양시외종합터미널 (146km)

- **구간 개요** : 백두대간 최고의 라이딩 구간이라 할 만하다. 이 구간에 속한 진부령과 미시령, 한계령은 나란히 설악산에 뿌리를 뻗고 있어 경관이 수려하며 고성에서 속초, 속초에서 양양에 이르는 바닷길을 포함한다. 아울러 미시령 동사면 아래에는 척산온천이 한계령 동사면 아래에는 오색탄산온천이 있어 산과 바다와 온천을 두루 즐길 수 있다.

- **진부령** : 남사면(매바위 인공폭포에서 정상까지 약 5.7km)과 북사면(소똥령 마을 입구에서 정상까지 약 11.1km) 양 방면 모두 초보자도 어렵지 않게 오를 수 있는 완만한 경사다. 고개 정상에 미술관, 표지석(2개), 곰돌이 조형물 등이 있어 쉽게 인증이 가능하다.

- **미시령** : 서사면(도적소 굴다리 아래에서 정상까지 약 3.5km)과 동사면(에스오일 주유소 앞에서 정상까지 약 7.7km) 양 방면이 모두 급경사다. 고개 정상에

오래된 표지석과 미시령 탐방 지원센터가 있다.

- **한계령** : 서사면(장수대 휴게소 입구에서 정상까지 약 7.5km)과 동사면(남설악 탐방지원센터에서 정상까지 약 8.1km)의 업힐 거리와 경사가 비슷하다. 고개 정상은 대청봉 등산로 입구로 휴게소와 표지석(오색령)이 있다.

- **숙식 시설** : 이 구간은 숙식 걱정할 필요가 전혀 없는 유명 관광코스다. 미시령 동사면 아래 척산온천촌과 한계령 동사면 아래 오색온천촌에 숙박업소 및 다수의 식당이 있으며 고성부터 양양까지 해안 길을 따라 숙박업소 및 식당이 즐비하다.

- **종주 코스** : 백담입구시외버스터미널 → 진부령미술관 → 상리교차로 → 호텔 아마란스 → 학사평교차로 → 미시령 → 한계교차로 → 한계령휴게소 → 양양시외종합터미널

난이도 : ★★★★☆

양양시외종합터미널 - 조침령 - 구룡령 - 운두령 - 진부공용버스정류장(115km)

- **구간 개요** : 유명 관광코스인 진부령 - 미시령 - 한계령 구간에 비하면 충격적일 정도로 숙식시설이 열악하다. 이 구간은 네이버 지도에 나와 있는 것과 달리 실제로는 많은 숙식업소들이 휴폐업 상태다. 따라서 이 구간을 종주하며 숙박 시에는 미리 업소를 정해둘 필요가 있다.

- **조침령** : 동사면(서림삼거리에서 정상까지 약 4.3km)은 길다고 볼 순 없으나 시작부터 10%가 넘는 아주 가파른 고개다. 그러나 길이 넓고 차량 통행이 적어

라이딩이 불편하진 않다. 정상에 조침령 터널이 있으며 표지석은 터널 우회로 위에 있다. 터널을 통과하면 바로 진동삼거리다.

• **구룡령** : 북사면(갈천약수 입구에서 정상까지 약 11.3km)은 백두대간 모든 고갯길 가운데 거리로는 세 손가락 안에 들어가는 긴 고갯길이다. 정상에 생태터널이 있으며 생태 터널 양 쪽에 표지석이 각각 있다. 남사면은 북사면에 비하면 조금 짧다. (삼둔사가리 펜션 앞에서 정상까지 약 8.9km)

• **운두령** : 북사면(15%의 경사 안내판 있는 곳부터 정상까지 약 4.9km) 초입의 경사가 잘 못 표기된 것으로 보인다. 체감 경사는 세지 않으니 겁먹을 필요가 없다. 정상에 표지석이 있으며 임특산물 홍보관을 겸한 작은 찻집이 있다. 남사면도 거리는 비슷하다.(이승복 생가 갈림길로부터 정상까지 약 5.1km)

• **숙식시설** : 양양군 서면 송천리 민속떡마을에는 민박은 있으나 식당과 매점은 없다. 구룡령 시작점인 양양군 서면 갈천리에 이르면 갈천훼미리리조트(모텔)와 갈천약수가든(식당)이 있다. 구룡령 남사면 아래 명개삼거리 지나 홍천군 내면에 다수의 숙박시설과 식당이 있다.

• **종주 코스** : 양양시외종합터미널 → 송천떡마을 → 서림삼거리 → 조침령터널 → 서림삼거리 → 갈천훼미리리조트 → 구룡령생태터널 → 운두령임특산물홍보관 → 이승복기념관 → 속사삼거리 → 속사터널 → 하진부1교차로 → 하진부2교차로 → 진부공용버스정류장

난이도 : ★★☆☆☆

진부공용버스정류장 - 진고개 - 싸리재 - 대관령 - 안반데기 - 닭목령 - 강릉고속

터미널(114km)

- **구간 개요** : 진고개 남사면 아래에 월정사, 대관령 양떼목장 등 관광지가 있으며 대관령면의 횡계마을에서 안반데기로 가는 길은 골프장을 끼고 가기도 한다. 안반데기 아래 송천 계곡의 풍광이 무척 수려하다.

- **진고개** : 남사면(노인봉 민박 안내판)으로부터 약 3.6km)은 아주 완만한 경사다. 정상에 생태터널과 표지판은 있으나 표지석은 없으며 휴게소(진고개 정상 휴게소)가 있다.

- **대관령** : 서사면(대관령 관광 안내센터 앞 로터리로부터 약 5.8km)은 진부령 남사면 수준의 경사를 보인다. 정상에 표지석이 있으며 평창 방면 조금 아래에 대관령마을휴게소가 있다.

- **안반데기** : 서사면(안반덕 안내판으로부터 약 2.9km)은 급경사지만 길지 않다. 안반덕 안내판에는 정상까지 2.7km라고 표기되어 있으나 이보다는 조금 더 길다. 정상에 카페(와우 안반데기)가 있으며 안반데기 표지판도 있어 인증할 수 있다. 반대 사면은 1km 정도 길지만(약 4km) 경사는 조금 약한 편이다.

- **닭목령** : 안반데기에서 닭목령까지는 600m에 불과하다. 그러나 반대편인 닭목령 동사면은 급경사에다가 거리가 꽤 길다.(왕산교 지나 오봉삼거리부터 정상까지 약 10km)

- **숙식시설** : 원래 스키장이 있는 곳으로 대관령면에 다수의 숙식시설이 있으며 진고개 남사면 아래 월정사 부근에도 민박마을이 형성되어 있다.

- **종주 코스** : 진부공용버스정류장 → 월정삼거리 → 진고개정상휴게소 → 월정삼

거리 → 신재생에너지전시관(대관령) → 송천교사거리 → 수하교차로 → 와우안 반데기(카페) → 닭목령 → 성산삼거리 → 금산2교차로 → 강릉고속버스터미널

 난이도 : ★☆☆☆☆

강릉고속버스터미널 - 삽당령 - 버들고개 - 갈고개 - 백복령 - 삼척종합버스터미널(112km)

- **구간 개요** : 강원 내륙과 해변을 함께 즐길 수 있는 코스다. 삽당령 - 버들고개 - 갈고개 - 백복령 등으로 4개 고개를 지나지만 4개 고개 간의 간격이 짧고 어려운 코스가 없다. 다만 백복령은 동해 쪽에서 오르면 10km 이상의 아주 긴 업힐이다.

- **삽당령** : 왕산사 입구에서 약 4.9km로 이화령 수준의 평범한 난이도다. 정상에 표지석과 표지판이 있어 쉽게 인증 가능하다.

- **버들고개** : 고단삼거리에서 약 1km의 짧고 세지 않은 고갯길로서 정상에 표지석과 해발고도 표지판이 있다.

- **갈고개** : 에스오일 백복령 주유소에서 약 2.5km의 고갯길로 경사가 세지 않다. 정상에 표지석은 없으나 표지판이 있어 인증이 가능하다.

- **백복령** : 갈고개에서 백복령까지의 거리는 약 3.4km지만 고도차는 겨우 30m로서(갈고개 750m, 백복령 780m) 이 구간은 거의 평길이나 다름이 없다. 다만 백복령 동사면은 신흥버스정거장 앞부터 정상까지 10km 이상의 긴 업힐이다.

- **숙식시설** : 삽당령에서 내려오면 임계사거리 근처에 숙식시설이 있다. 백복령에서 정선군 임계면 방면으로 2km 아래 가목삼거리에 향토음식점촌과 모텔이 있다. 이곳을 지나면 동해시까지는 숙식할 곳이 마땅치 않으나 동해나 삼척 해변 가까이에는 숙식시설이 다수 있다.

- **종주 코스** : 강릉고속터미널 → 성산삼거리 → 오봉테라스(카페) → 오봉저수지 → 왕산교 → 도마삼거리 → 삽당령 → 버들고개 → 임계사거리 → 갈고개 → 가목삼거리 → 백복령 → 소비교차로 → 삼척종합버스터미널

제 5구간   난이도 : ★★★★☆

삼척종합버스터미널 - 댓재 - 건의령 - 삼수령 - 화방재 - 만항재 - 두문동재 - 태백시외버스터미널(109km)

- **구간 개요** : 댓재, 만항재, 두문동재 등 1급 업힐이 이어지는 코스로 화방재 - 만항재 - 두문동재는 시계 방향으로 태백 순환코다. 만항재(1,330m)와 두문동재(1,268m)의 해발고도는 지리산의 정령치(1,172m)와 성삼재(1,102m)를 멀찌감치 따돌리고 백두대간 고개 가운데 1, 2위다.

- **댓재** : 동사면(미로면 삼거리부터 정상까지 10.9km)은 상당히 긴 편이고 동해안(삼척)에서 시작하므로 표고차가 커서 해발 고도(810m)에 비해 오르기가 상당히 어려운 고개다. 정상에 표지석과 매점이 있다. 반대 방면은 약 1.1km로서 매우 짧은 극단적인 비대칭 고개다.

- **건의령** : 시작점(상사미교차로)부터 건의령 터널까지의 거리가 800m에 불

과한 짧은 고개다. 관통하면 도로 삼척(도계읍)으로 이 경우 삼수령을 지날 수 없다. 터널 우회로가 없어 터널이 정상이며 백두대간 종주 시 굳이 오를 필요는 없다.

- **삼수령** : 창죽교차로에서 옛길을 따라 1.4km만 오르면 정상이다. 한강과 낙동강, 오십천의 분수령으로 정상에 표지석과 매점이 있으며 바람의 언덕에는 삼수령 조형물이 설치되어 있다.

- **화방재** : (동사면은 사내골 버스 정류소에서 약 3.8km) 정상이 만항재의 남사면 시작점으로 태백과 영월 어느 방면에서 오르든 완만한 고갯길이다. 정상에 표지판과 어평재 휴게소가 있다.

- **만항재** : 우리나라에서 자동차와 자전거로 오를 수 있는 가장 높은 곳(1,330m)이며 특이하게도 동사면, 남사면, 북사면 등 3개 루트에서 등정이 가능한 고개다. 오투 리조트를 지나가는 동사면(만항재 이정표부터 정상까지 9.4km)과 정암사에서 시작하는 북사면(약 5.6km)은 급경사로이며 남사면(화방재 정상 표지판부터 약 8.6km)은 초반 5km 정도는 가파르지 않으나 구래리와 고한읍이 갈라지는 지점부터 약 3.5km는 미시령 서사면 수준의 가파른 경사를 나타낸다. 정상에 표지석과 표지판, 매점이 있다.

- **두문동재** : 상갈래교차로에서 업힐 시작이며 총 업힐 거리는 6.8km 정도다. 약 3.7km 지난 지점부터 터널 우회로가 시작된다. 전체적으로 힘든 고갯길이며 반드시 정선 방면에서 올라 태백 방면으로 내려가야 한다(일방통행로). 정상에 표지석이 있다.

- **숙식시설** : 삼척시에서 약 55km 떨어진 태백시까지 가야 비로소 다수의 숙식시설이 있다.

- **종주 코스** : 삼척종합버스터미널 → 댓재 → 상사미교차로 → 건의령터널 → 상사미교차로 → 삼수령(피재) → 태백시외버스터미널 → 시청후문삼거리 → 함태중학교삼거리 → 화방재 → 만항재 쉼터 → 정암사 → 상갈래교차로 → 두문동재삼거리 → 두문동재 → 도깨비도로 → 용연삼거리 → 추전역삼거리 → 태백시외버스터미널

태백시외버스터미널 - 내리고개 - 우구치 - 도래기재 - 주실령 - 마구령 - 영주종합터미널(140km)

- **구간 개요** : 백두대간 종주 라이딩 코스 가운데 가장 어려운 구간 가운데 하나로 강원도와 경상북도를 잇는 구간이다.

- **내리고개** : 마치 쌍봉낙타처럼 두 개의 고개가 연이어 있다. 첫째 내리고개(서사면: 칠룡상회에서 정상까지 약 3.6km) 정상에서 약 650m를 내려오면 둘째 내리고개(서사면 약 2.2km, 동사면: 조제1교 지나서 정상까지 약 3.4km)의 시작으로 사실 첫째와 둘째내리고개는 두 개의 고개라기보다는 하나의 고개라고 보는 편이 옳다. 이 경우 영월에서 봉화 방면의 내리고개 전체의 업힐 거리는 약 6킬로로서 짧지 않다. 백두대간의 주능선에 위치함에도 첫째와 둘째 내리고개 모두 정상에 인증할 만한 표지석과 표지판이 없으니 알아서 인증해야 한다.

- **도래기재** : 서북사면은 1.7km 정도로 아주 짧은 고갯길이나 남동사면은 3km가 넘는 비대칭 고개다. 정상에 생태터널과 표지목이 있다.

- **주실령** : 동사면(서벽삼거리 지나서 정상까지 약 4.6km)과 서사면(오전약수터

부터 정상까지 약 3.1km)이 모두 가파르며 특히 서사면의 경사가 아주 세다. 정상에 표지석은 없으나 표지판은 있어 인증이 가능하다.

- **마구령** : 부석사 방면에서 오르는 길은 길지는 않으나(약 4km, 임곡1교부터는 약 3.4km) 백두대간의 모든 고갯길을 통틀어 경사가 가장 세다. 어지간한 고개의 정상 부위에서 만날 수 있는 10%부터 시작이며 최고 20% 정도의 급경사를 나타낸다. 노폭이 매우 협소해 차량 두 대가 동시에 올라가거나 내려가기 어려운 구간이 많으니 주의가 필요하다. 정상에 표지석이 있어 인증 가능하다.

- **숙식시설** : 봉화군 춘양면 백두대간 수목원 근처와 영주시 부석면 부석사 아래에 다수의 숙식시설이 있다.

- **종주 코스** : 태백시외버스터미널 → 시청후문삼거리 → 함태중학교삼거리 → 화방재 → 상동삼거리 → 중동교차로 → 녹전삼거리 → 칠룡교 → 첫째내리고개 → 둘째내리고개 → 도래기재 → 서벽삼거리 → 주실령 → 부석회전교차로 → 두봉교 → 마구령 → 부석회전교차로 → 영주종합터미널

제 7구간   난이도 : ★★★☆☆

영주종합터미널 - 죽령 - 빗재 - 벌재 - 여우목고개 - 문경버스터미널(86km)

- **구간 개요** : 경상북도와 충청북도를 넘나드는 구간으로 죽령 아래에 풍기온천이 문경읍에는 문경종합온천이 있어 라이딩 스케줄에 따라서는 산악과 온천을 함께 즐길 수 있는 구간이다. 영주종합터미널에서 풍기온천까지는 교차로가 무척 많으니 길을 잃지 않도록 주의해야 한다.

- 죽령 : 동사면은 소백산풍기온천리조트에서 정상까지 약 7.5km이며, 신라 제8대 아달라왕 때 하늘재에 이어 개통한 고갯길로 아래에는 한 동안 우리나라에서 최장이었던 경북 영주와 충북 단양을 잇는 죽령터널(4.6km)이 있다. 정상에 표지석과 식당(죽령주막), 매점 등이 있다. 반대편인 서사면은 대강교차로까지 약 8.9km로서 상당히 길다.

- 빗재 : 백두대간 종주 코스에서 알려지지 않은 숨은 고개로 단양군 대강면을 최단거리로 관통해서(직티리 - 방곡리) 문경 방면으로 이어지는 약 7.5km의 매우 호젓한 숲길이다. 특히 직티삼거리에서 방곡삼거리 방면의 업힐 코스는 4.7km에 이르는 복병이다. 정상은 황정산 등산로 입구로 별도의 표지석이나 표지판 등이 설치되어 있지 않으니 알아서 인증해야 한다.

- 벌재 : 이 구간의 악동 같은 고개다. 문경 방면 업힐 코스는 약 1.8km(적성교에서 고개 정상까지)이며 반대편은 3.3km(적성삼거리에서 고개 정상까지)로 길지는 않으나 경사가 가파르다. 정상에 생태 터널이 있으며 터널 양 쪽으로 두 개의 표지석이 있어 인증이 매우 쉽다.

- 여우목고개 : 동사면(생달교에서 시작)은 약 2.4km, 서사면은 4.3km로서 비대칭 고개이며 정상에 표지석은 없으나 표지판이 있어 인증이 가능하다.

- 숙식시설 : 벌재 북사면(단양 방면) 아래에 식당 겸 민박집이 있다. 문경읍에 진입하기 전까지 전반적으로 숙식 시설이 열악한 편이라 사전에 철저한 라이딩 계획 수립이 필요한 구간이다.

- 종주 코스 : 영주종합터미널 → 서부삼거리 → 안정교차로 → 봉현교차로 → 풍기관광호텔 → 백수교차로 → 소백산풍기온천리조트 → 죽령주막 → 장림사거

리 → 직티삼거리 → 빗재 → 방곡삼거리 → 벌재 → 적성삼거리 → 장터삼거리 → 여우목고개 → 갈평삼거리 → 문경버스터미널

제 8구간   난이도 : ★★☆☆☆

문경버스터미널 - 하늘재 - 지릅재 - 소조령 - 이화령 - 문경종합온천(56km)

- **구간 개요** : 경상북도와 충청북도를 이어주는 구간으로 이화령 앞뒤로 유명한 수안보 온천과 문경종합온천이 있어 라이딩의 피로를 풀기 좋은 코스다. 문경읍을 출발해서 문경읍으로 돌아오는 소백산과 속리산을 연결하는 순환고리에 해당한다.

- **하늘재** : 신라 제8대 아달라왕 때 개통한(156년) 우리나라 최초의 백두대간 고갯길이다. 문경읍 방면에서 출발할 경우 관음1리 문막경로당부터 약 2.3km가 본격적인 업힐 구간이며 정상은 포암산 등산로 입구의 하늘재 표지석이 설치된 곳이다. 등산로 입구에서 미륵리 주차장 방면으로 약 1.5km의 싱글 길을 내려가면 충주시 수안보면 미륵리에 이른다.

- **지릅재** : 하늘재 싱글길을 지나서 수안보면 안보리로 이어지는 고갯길이다. 수안보 방면의 업힐 구간은 약 1.7km로서(대광사 안내 표지석이 있는 곳부터 정상까지) 짧으며 반대 방향은 약 5.1km(대사마을회관 앞까지)로 제법 길다. 정상에 표지석은 없으나 표지판은 있어 인증이 가능하다. 지릅재와 하늘재는 충주와 문경을 잇는 연결된 고갯길로 보는 것이 타당하다.

- **소조령** : 충북 괴산에서 이화령에 오르기 전에 만나는 고개로 이화령과 비슷한 수준의 경사를 보이지만 북사면은 약 2.3km, 남사면은 약 2.7km로서 거리가

짧다. 소조령(小鳥嶺, 362m)이란 작은 조령(642m)이라는 말이다.

- **이화령** : 소조령에서 이어지는 고갯길로 충북 괴산과 경북 문경을 연결하며 국토종주길에 있어 백두대간 종주 라이딩이 아니더라도 많은 라이더들이 지나가는 고갯길이다. 양 방면 모두 초입부터 정상까지 자전거 차선 표시가 되어 있어 비교적 안전 라이딩이 가능하며 0.5km~1.0km마다 쉼터도 설치되어 있다. 이화령은 충북 괴산 쪽에서 오르는 서사면(행촌사거리에서 고개 정상 인증부스까지 약 5.2km)과 경북 문경 쪽에서 오르는 동사면(각서1리 조금 아래 굴다리 입구부터 정상까지 약 5,8km)의 길이와 경사가 거의 비슷한 데칼코마니 고개이며 정상에 표지석, 생태 터널, 휴게소 등을 모두 갖추고 있다.

- **숙식시설** : 하늘재 싱글길 지나 나오는 미륵대원지 근처에 다수의 식당이 있으며 수안보온천과 문경온천 주변에 모텔, 식당이 널려 있어 숙식 고민은 하지 않아도 되는 구간이다.

- **종주 코스** : 문경버스터미널 → 갈평삼거리 → 하늘재산장 → 미륵대원지 → 지릅재 → 안보삼거리 → 소조령 → 행촌사거리 → 이화령 → 문경종합온천

제 9구간   난이도 : ★★★☆☆

문경종합온천 - 버리미기재 - 늘재 - 밤티재 - 활목재 - 장고개 - 비조령 - 화령 - 상주종합버스터미널(134km)

- **구간 개요** : 소백산 구간의 끝자락이자 속리산 구간의 첫 자락으로 경상북도와 충청북도를 넘나든다. 속리산 국립공원을 끼고 도는 충북 알프스 구간이기도 하다. 비룡 저수지 직전의 갈목재는 백두대간 고개이긴 하지만 폐쇄되어 터널(

갈목터널, 약 800m)을 이용해야 한다.

- **버리미기재** : 문경에서 출발할 경우(동사면, 선유동교가 있는 지점부터 정상까지 약 4.6km) 약 6km 정도 새재자전거길을 공유하며 아주 많은 다리를 건너가기 때문에 길 잃지 않도록 주의하는 것이 필요하다. 정상에 표지석, 표지판은 없으나 '버리미기재 지킴터'라는 목재 가건물이 있어 이 곳에서 인증 가능하다. 서사면은 약 2.7km 정도다.

- **늘재** : 낙동강과 한강의 분수령이지만 해발고도(380m)도 낮고 업힐 거리도 짧으며(북사면 약 2km, 남사면 약 1.3km) 경사도 가파르지 않은 백두대간 고갯길 가운데 쉬운 코스다. 하지만 정상에는 아주 거대한 표지석이 우뚝 서 있는데 늘재라는 표기는 없고 그저 백두대간(白頭大幹)이라고만 한자로 쓰여 있다.

- **밤티재** : 늘재 남사면이 끝나는 장암2리 마을회관 앞에서 우회전 하면 밤티재 오르막이다. 속리산의 첫 관문 같은 고개로 업힐 거리는 짧지만(동사면은 장암2리 마을회관에서 정상까지 약 2.3km) 제법 가파른 편이며 정상에 표지석, 표지판은 없으나 생태 터널이 있어 그곳에서 인증 가능하다. 다만 생태 터널에도 고개 이름은 표기되어 있지 않다. 서사면은 약 2.1km로서 양 방면의 업힐 거리가 비슷하다.

- **활목재** : 밤티재에서 이어지는 속리산 한 바퀴의 두 번째 고개로서 정상에 표지석, 표지판은 없으나 고개 이름이 표기된 생태 터널이 있어 인증 가능하다.

- **장고개** : 충북 알프스라고 불리는 속리산 한 바퀴의 아래에 있는 고개로서 속리산을 시계 반대 방향으로 돌 경우 비조령 가기 전에 만나며 정상에 표지석, 표지판 등 인증할 만한 것이 전혀 없는 무명 고개다.

- **비조령** : 본격 업힐 구간이 약 500m에 불과한 아주 짧은 고개지만 정상에 거대한 백두대간 표지석과 생태 터널까지 갖추고 있다. 반대편인 동사면도 1.6km(동관교차로에서 정상까지) 정도로 짧다.

- **화령** : 비조령에서 내려와 오를 경우 수청거리삼거리가 정상인데 이곳에는 인증할 만한 것이 없고 표지석은 삼거리에서 횡단보도를 건너 왼편 영남제일로 방면으로 500m 정도를 더 가야 나타난다. 이 경우 표지석 위치가 이상하다고 생각할 수도 있지만 비조령에서 내려와 삼거리에서 좌회전하지 않고 영남제일로를 통과해서 직진을 한다면 비석의 위치는 별로 이상하지 않다.

- **숙식시설** : 속리산국립공원을 끼고 도는 충북 알프스 구간으로 법주사 아래 보은군 속리산면에 다수의 숙식시설이 있다.

- **종주 코스** : 문경종합온천 → 마원교 → 봉명교 → 소야삼거리 → 갈전교 → 견훤교 → 하괴교 → 상괴교 → 버리미기재 → 송정삼거리 → 송면삼거리 → 백두대간 늘재 → 장암2리 마을회관 → 밤티재 → 활목재 생태통로 → 장갑삼거리 → 백석삼거리 → 연송호텔 → 갈목삼거리 → 갈목터널 → 삼가삼거리 → 장고개 → 비조령 → 동관교차로 → 수청거리삼거리 → 화령 → 하송삼거리 → 낙서초등학교 → 상주종합버스터미널

난이도 : ★☆☆☆☆

낙서정류소 - 신의터재(신의티) - 지기재 - 개머리재 - 큰재 - 옥계고개 - 작점고개 - 괘방령 - 김천공용버스터미널(104km)

• 구간 개요 : 백두대간 종주 코스 14개 구간 가운데 가장 쉬운 구간으로 일곱 개 고개들의 해발고도가 300m 내외에 불과하다. 이 구간은 산이 높고 골이 깊은 웅혼한 백두대간의 매력은 전혀 느낄 수 없지만 속리산 구간을 마무리하기 위해서 반드시 거쳐야 하는 구간으로 백두대간 종주가 아니라면 일부러 찾을 필요는 없다.

• 신의터재 : 해발고도 280m, 업힐 거리 약 1.3km(동사면)의 짧고 나지막한 언덕이지만 낙동강과 금강의 분수령이며 정상에 표지석을 무려 세 개나 가지고 있다. 그 가운데 하나는 고개의 명칭을 '신의티'라 적고 있다. 반대편의 길이는 채 1km도 되지 않는다.

• 지기재 : 신의터재에 비해 해발고도가 20m 낮기에 신의터재에서 지기재로 가는 길은 거의 평길 수준이며 반대편도 짧은 편이다.(약 2.4km) 하지만 금강과 낙동강의 분수령이며 정상에 표지석은 없으나 버스정류장과 백두대간 지기재 안내판이 있어 인증이 가능하다.

• 개머리재 : 해발고도 295m, 업힐 거리는 1km 남짓하지만 경사는 상당히 센 편이다. 정상에 표지석은 없으나 조그만 표지판이 있어 인증이 가능하다. 반대편은 약 800m 정도에 불과하다.

• 큰재 : 약한 업힐로 정상에 백두대간 생태교육센터가 있으며 표지석은 없지만 안내판은 있어 인증이 가능하다. 반대편은 약 3.7km 정도로서 이 구간의 백두대간 고갯길 치고는 제법 긴 편이다.

• 옥계고개 : 큰재와 작점고개 사이에 있는 잘 알려지지 않은 고개로 정상은 상주시 공성면 영오리와 김천시 어모면 옥계리의 경계다. 정상에 상주시 공성면과 김천시 어모면 표지판이 있다.

- **작점고개** : 성능장로교회 앞에서 약 1.9km의 업힐이 시작되며 반대편은 2.1km 로서 양 방면의 업힐 거리가 2km 안팎이다. 정상에 표지석이 있으며 새로 건설한 생태터널도 있어 인증이 가능하다.

- **괘방령** : 서사면(약 4.2km)의 경우 이 구간의 다른 고개들처럼 업힐 기산점을 체크하기에 어려움이 있다. 하지만 정상에는 멋들어진 표지석이 있어 인증 가능하다. 반대방향은 복전교 앞의 네거리부터 정상까지 약 4.3km 수준으로 거리가 거의 비슷하다.

- **숙식시설** : 종주 구간 중에는 숙식 시설이 부족하다. 추풍령면에 이르러야 비로소 수 개의 모텔, 식당 등을 찾을 수 있다.

- **종주 코스** : 낙서정류소 → 낙서교 → 신의터재(신의티) → 신촌사거리 → 신촌교 → 석산교 → 지기재 → 개머리재 → 신천삼거리 → 상판교 → 백두대간 생태 교육센터(큰재) → 공성교차로(반드시 직진 후 우회전) → 공성옛날짜장 → 옥계고개 → 작점고개 → 모텔 카리브(추풍령) → 매곡삼거리 → 괘방령 → 향천793(카페) → 복전교 → 덕천네거리 → 대곡삼거리 → 직지교사거리 → 김천공용버스터미널

제 11구간   난이도 : ★★★☆☆

김천공용버스터미널 - 괘방령 - 우두령 - 마산령 - 안간재 - 부항령 - 설천버스정류소(83km)

- **구간 개요** : 고개들의 높이가 다시 높아지는 덕유산 권역의 시작 구간이다. 경상북도와 충청북도 그리고 전라북도의 3개 도를 넘나 들며 백두대간을 지그재그

로 종주한다. 이 구간은 신라와 백제의 국경 부근으로 종주를 통해 백두대간이 우리의 문화는 물론 역사와 매우 밀접한 관련이 있음을 알게 된다.

- **괘방령** : 동사면(약 4.3km)의 시작은 복전교 앞 네거리 지나서부터이며 거의 평길 수준인 서사면(약 4.2km)에 비하면 고개다운 느낌이 들긴 하지만 역시 경사가 세진 않다. 정상에 표지석이 있어 쉽게 인증이 가능하다.

- **우두령** : 해발고도 720m로서 괘방령에 비하면 420m나 높다. 북사면은 약 5.9km(흥덕사슴농장 입구 안내판부터 정상까지), 남사면은 조금 짧은 약 5.3km(마산교까지) 수준이며, 앞 구간의 고개들에 비하면 제법 백두대간 고갯길 다운 느낌이 든다. 정상에 생태 터널이 있으며 소 형상을 한 개성 만점의 표지석도 있어 인증이 가능하다.

- **마산령** : 김천시 구성면과 부항면의 경계가 되는 고개로 약 2.5km(우두령 남사면이 끝나는 마산교가 마산령의 시작점이다)에 불과하지만 가파르다. 우두령과 부항령 사이의 고갯길로 백두대간의 주능선에 위치함에도 정상에는 표지석이나 표지판이 없어 구성면과 부항면의 경계임을 알리는 표지판에서 인증을 해야 한다. 약 800m를 내려가면 안간재의 시작점이다.

- **안간재** : 마산령과 안간재 구간은 정상 간의 거리가 1.8km에 불과한 낙타 등 구간이다. 안간재 정상에도 인증 수단이 부재하다. 반대편은 약 3.2km(삼거리까지)로서 조금 길다.

- **부항령** : 다른 이름은 가목재로 동사면은 약 6.2km(월곡리 경로당 지나 삼거리에서 고개 정상까지)이며 서사면은 약 3.7km(삼도봉터널 지나 현내삼거리까지) 정도다. 동사면의 경우 우두령과 비슷한 수준의 경사를 나타낸다. 정상에 표지석이 있으며 565m의 비교적 짧은 삼도봉 터널을 지나면 전라북도 땅이다.

- **숙식시설** : 구간 전체적으로 숙식 시설이 부족한 편이라 종주 계획을 잘 수립해야 한다. 마산령 오르기 직전에 펜션이 있으며 안간재 지나 김천시 부항면 또는 무주군 설천면에 이르러야 비로소 펜션 또는 식당을 다수 발견할 수 있다.

- **종주 코스** : 김천공용버스터미널 → 직지교사거리 → 복전교 → 향천793(카페) → 괘방령 → 매곡삼거리 → 상촌삼거리 → 우두령 → 마산령 → 안간재 → 대천교 → 부항령 → 삼도봉터널 → 라제통문 → 설천버스정류소(설천공용터미널)

제 12구간   난이도 : ★★★★☆

설천버스정류소 - 덕산재 - 오두재 - 빼재 - 거창버스터미널(75km)

- **구간 개요** : 라제통문을 지나면 이렇다 할 관광지가 없는 구간이라 숙식 할 만한 곳이 부족하다. 하지만 무주군 설천면에서 거창읍까지 70여 킬로미터에 불과해 숙식할 곳을 걱정하지 않아도 된다.

- **덕산재** : 금평삼거리에서 정상까지 약 5km가 조금 넘는다. 이화령 보다 다소 약한 수준의 경사를 나타내는 고개로 표지석, 표지판 그리고 생태 터널을 갖추고 있다. 그런데 표지석에는 덕산재라 표기하고 있으나 표지판에는 대덕재라 쓰여 있다. 이는 고개의 동사면이 김천시 대덕면 덕산리이기 때문이다. 한편 생태 터널은 김천 방면으로 제법 내려간 곳에 위치하고 있다. 따라서 김천 방면에서 오를 경우 터널이 있는 곳이 정상이 아니다.

- **오두재** : 백두대간 주능선에서 벗어난 곳에 위치하고 있음에도 길이 가팔라서 백두대간 종주에 도전하는 라이더들의 승부욕을 자극하는 고개다. 오두재는 무풍저수지에서 샛길로 오를 수도 있으며 좀 더 지나 안실삼거리에서 오르는 옛

길도 있다. 오두재는 터널 위로 우회로가 살아 있기 때문에 우회로 정상을 고개 정상으로 친다. 업힐 거리는 약 3.5km (안실삼거리에서 터널 우회로 입구까지 약 2.6km, 터널 우회로 입구에서 정상까지 약 0.9km) 정도로 미시령 서사면 수준이지만 가파르기로는 백두대간 종주 시 지나는 양방면 일백여 개의 고갯길 가운데 다섯 손가락에 드는 수준이다. 우회로 정상에 표지석이 없으나 사제 표지판 앞에서 인증할 수 있다. 반대편(남사면) 터널 우회로는 약 1,2km로서 북사면에 비해 조금 더 길다.

- **빼재** : 북사면의 총 업힐 거리는 오두재보다 조금 짧지만(삼거삼거리에서 정상까지 약 3.3km) 터널 우회로만 치면 약 2.4km로 훨씬 길다. 전반적인 경사는 미시령 서사면 수준이지만 앞서 오두재가 워낙 센 고개라 상대적으로 밋밋하다. 빼재의 다른 이름은 수령이라고도 하고 신풍령이라고도 한다. 정상의 표지석에는 수령(秀嶺)이 한자로 적혀 있으며 빼재에 오르기 전 이정표에는 신풍령으로 적어 놓았다. 반대편인 남사면의 거리는 약 7km 수준이다.

- **숙식시설** : 구간 전체적으로 숙식 시설이 부족하다. 오두재와 빼재 사이에 펜션과 리조트 등이 있다.

- **종주 코스** : 설천버스정류소(설천공용터미널) → 라제통문 → 무풍면사무소 → 덕산재(대덕재) → 무풍터널 → 무풍사거리 → 안실삼거리 → 오두재 → 삼거삼거리 → 빼재(수령) → 주상면행정복지센터 → 거창버스터미널

제 13구간 난이도 : ★★★☆☆

거창버스터미널 - 육십령 - 무룡고개 - 복성이재 - 남원고속버스터미널(117km)

- **구간 개요** : 덕유산을 지나 지리산으로 이어지는 백두대간의 주능선에 해당하는 구간으로 거창 - 함양 - 장수 - 남원의 4개 행정구역을 지나며 경상남도와 전라북도를 넘나든다.

- **육십령** : 거창에서 육십령으로 가기 위해서는 거열터널과 장백터널을 통과하는 코스가 가장 짧은 길이지만 거창터미널에서 약 2.5km 떨어진 절부사거리에서 우회로(거안로)를 지나도 된다. 함양 방면에서 오르는 육십령은 약 4.2km로서 중남삼거리리 지나 시작 지점에 경사 10%를 알리는 안내판이 있으나 아주 센 고개는 아니다. 정상에 거대한 양갱 모양의 표지석이 있으며 꽤 높은 해발고도(734m)에도 불구하고 부락이 조성되어 있다. 생태 터널을 지나면 다른 육십령 표지석이 세워져 있다. 반대편의 거리도 거의 같다.

- **무룡고개** : 북사면의 경우 업힐 거리는 약 4km(대곡교차로 지나서 시작) 정도지만 상당히 센 고개다. 정상에 표지석은 없지만 등산로 안내판과 아무런 이름도 표기되어 있지 않은 생태 터널이 있어 위치 인증이 가능하다. 반대편(남사면)은 약 5.8km로서 지지터널 못미처 끝난다.

- **복성이재** : 업힐 거리는 무룡고개보다 길지만(두견삼거리에서 정상까지 약 4.9km) 경사는 약하다. 정상에는 인증할 만한 것이 없고 1km 정도 내려간 성암마을 입구 삼거리에 표지목이 있다. 반대편인 성암마을 옛길(성암길, 약 4.5km)은 매우 급경사로 상당히 주의해야 하며 유정삼거리에서 끝이 난다. 즉 복성이재 정상에서 유정삼거리까지는 성암길을 지날 경우 약 5.5.km 수준이다.

- **숙식시설** : 육십령과 무령고개 사이에 주논개생가지가 있는데 성역화되어 있으며 이 곳에 식당과 펜션 등이 있다. 동화호 지나 번암면(장수군 번암면)에 들어서면 멀지 않은 곳에 장수온천호텔이 있으며 인근에 식당도 있다.

- **종주 코스** : 거창버스터미널 → 절부사거리(거안로로 진입) → 마리삼거리 → 지동교차로 → 육십령 → 삼봉삼거리 → 의암주논개생가지 → 무룡고개 → 복성이재 → 유정삼거리 → 남원고속터미널

제 14구간   난이도 : ★★★★★

남원고속버스터미널 - 정령치 - 성삼재 - 오도재 - 지안재 - 함양시외버스터미널 (90km)

- **구간 개요** : 백두대간을 종주하는 14개 구간 가운데 제1구간(진부령 - 미시령 - 한계령), 제6구간(내리고개 - 우구치 - 도래기재 - 주실령 - 마구령)과 더불어 3대 난코스에 속한다. 이 구간에 속한 정령치 - 성삼재 - 오도재 - 지안재는 모두 백두대간 60여 개 고개 가운데에서도 1급 업힐에 속한다고 할 만큼 길고 가파르거나 또는 길거나 가파르다.(단 지안재의 경우 오도재를 먼저 넘으면 그냥 가파른 내리막이다)

- **정령치** : 남원에서 오를 경우(서사면) 백두대간 고갯길 가운데 업힐 거리가 가장 길다.(육모정에서 고개 정상까지 약 12.9km) 다만 절반에 가까운 6km에 이를 때까지는 아주 가파르지는 않으며 쉴 만한 곳도 있다. 그러나 고기교차로 지나 정령치 정상까지 약 6km는 휴식이나 보급할 만한 곳이 전혀 없으며 아주 가파른 업힐이다. 정상에 두 개의 표지석이 있으며 생태 터널과 휴게소도 있다. 반대편은 달궁삼거리까지 약 6.1km다.

- **성삼재** : 백두대간은 성삼재에서 완성된다고 할 만큼 백두대간 종주에 있어서 상징성이 있는 고개다. 성삼재는 구례 방면에서 오를 경우 길이도 아주 길지만 (천은사 삼거리에서 정상까지 약 10.5Kkm) 경사도 매우 가파르다. 단, 정령치

에서 내려와 달궁삼거리에서 오를 경우 오를 만한 업힐 거리(약 5.4km)와 경사를 보인다. 흔히 백두대간을 완성 또는 시작하는 고개지만 정상에는 표지석이나 표지판은 없고 휴게소가 있다. 성삼재 정상은 노고단 등산로 출발점이기도 하다.

- 오도재 : 마천면에서 출발하건(남사면, 금계마을 SK엔크린 추성주유소로부터 약 6.4km) 함양읍에서 출발하건(북사면, 지안재 포함 약 5.5km) 모두 아주 가파른 고개다. 특히 북사면 정상 아래 약 2km는 거의 절벽이라 할 만큼 매우 가파르다. 정상에 지리산 제1관문과 휴게소, 표지석이 있다.

- 지안재 : 함양읍에서 오를 경우 짧아도(조동교에서 정상까지 약 1.4km) 가파른 업힐이지만 오도재를 먼저 지날 경우는 내리막이다. 지안재와 오도재는 다른 길이라기보다는 서로 이어진 고갯길이라 보는 편이 합리적이다. 정상에 구절양장 길을 한눈에 볼 수 있는 조망 쉼터가 있다.

- 숙식시설 : 험하긴 해도 등산 코스이기 때문에 비교적 숙식시설이 발달한 구간이다. 달궁삼거리 지나 펜션, 식당 등이 밀집한 민박마을이 형성되어 있으며 또한 정령치 아래(고기 삼거리 아래)와 뱀사골 입구에도 숙식 시설이 있다.

- 종주 코스 : 남원고속터미널 → 호경교차로 → 육모정 → 고기교차로 → 고기댐 → 정령치휴게소 → 달궁삼거리 → 성삼재휴게소 → 달궁삼거리 → 달궁민박마을 → 대정삼거리 → SK엔크린 추성주유소 → 조망공원휴게소 → 지리산제1관문(오도재) → 지안재 → 함양시외버스터미널

※ 상기 업힐 거리는 필자가 측정한 것으로 기산 지점에 따라 다를 수 있으며 종주 코스는 개인의 형편과 도로 사정에 따라 달리 정할 수 있음. 난이도는 필자의 주관적인 판단임

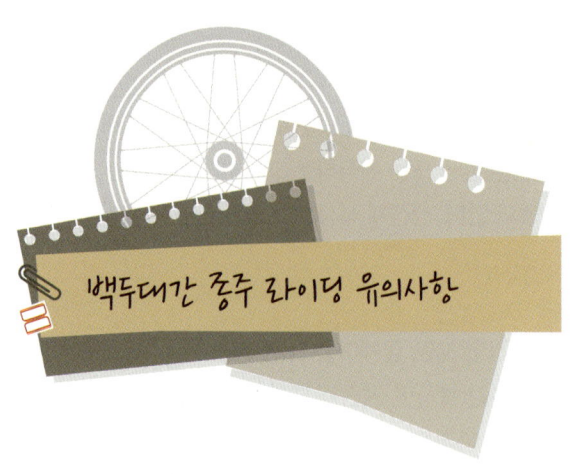

백두대간 종주 라이딩 유의사항

① 구간 설계를 잘하라

백두대간 종주 라이딩은 설악산에서 지리산까지 1,500km 안팎의 초장거리 라이딩이기에 한 번에 종주하는 것은 불가능하며 몇 차례가 되든 휴식이 불가피하다. 아울러 종주 구간을 자신의 체력에 적합하게 설계하는 것이 성공의 관건 가운데 하나다.

내 경우는 강원도 고성 진부령에서 경상남도 함양 지안재까지 62개 고개를 지나는 코스를 14개 구간으로 나누어 진행했는데 총 주행거리가 1,481km인 만큼 한 구간당 평균 100km 조금 넘게 라이딩을 한 셈이다.

백두대간 종주는 하루에 200km를 달린다고 하더라도 꼬박 일주일이 넘게 걸리는 장거리 라이딩이다. 문제는 한 번에 100km씩 달리든 200km씩 달리든 종주 구간 대부분이 업&다운이 연속되는 산길이라 체력 소모가 극심하다는 점이다.

따라서 자신의 체력과 형편에 맞게 종주 기간과 구간 설계를 잘해야 한다. 백두대간 종주 코스와 지나가는 고개에 정답은 없다. 남들이 일주일 안에 또는 열흘 안에 종주한다고 해서 무리해서 따라할 필요도 결코 없다.

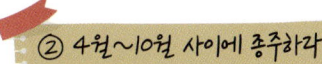
② 4월~10월 사이에 종주하라

백두대간 종주는 설악산에서 시작해서 남진하거나 지리산에서 시작해서 북진하게 된다. 그런데 설악산과 지리산은 이른 봄이나 늦 가을에 자전거를 타고 쉽게 오르기는 어려운 코스다. 춘삼월에 출발시 설악산 미시령의 경우는 바람이 세서 매우 위험할 수도 있으며 정령치나 성삼재 같은 지리산의 경우는 길에 눈과 얼음이 덜 녹았을 가능성이 높다. 반대로 11월 이후는 고도가 높은 설악산이나 지리산은 자전거로 종주하기에는 너무 춥고 눈이 내릴 가능성도 있다. 따라서 가급적 4월 중순 이후에 종주를 시작하고 10월까지는 마무리하길 권한다.

③ 야간 라이딩은 가급적 삼가라

백두대간 종주가 4대강 종주와 기본적으로 다른 점은 주로 산길을 달린다는 것이다. 따라서 해가 일찍 지기 때문에 해가 있는 동안 라이딩을 하는 것이 중요하다. 컴컴한 산길을 오르내리면 노면 상태나 전방 확인도 어렵지만 고라니나 멧돼지 같은 야생동물의 습격을 받을 수도 있으니 아주 주의해야 한다. 아울러 굽은 길 등에서는 상대방 차량도 라이더를 잘 볼 수 없으므로 이래저래 야간 라이딩은 되도록 피하는 것이 좋다.

④ 사전에 종주 코스와 숙박시설 등의 위치를 숙지하라

백두대간 라이딩 코스는 국토종주나 4대강 코스와 달리 (극히 일부 자전거 길과 겹치는 구간을 제외하고는) 자전거 라이더를 위한 이정표가 전혀 없다. 따라서 사전에 구간별 코스를 숙지해 둘 필요가 있다. 자동차 여행을 위한 이정표라고 하더라도 유명 고개 위주로 설치되어 있어 자동차 이정표만으로는 길을 찾기가 어려울 수도 있다. 아울러 숙박시설의 위치도 미리 확인해 둘 필요가 있다. 숙박시설의 위치를 알아두면 라이딩 거리 등 당일 주행 계획을 효과적으로 수립할 수 있으며 심리적으로도 안정이 된다.

⑤ 보급을 자주 하라

도심에서는 상상할 수 없는 일이지만 백두대간을 종주하다 보면 편의점은커녕 의외로 '점방' 하나 없는 '깡촌'도 있다. 따라서 구멍가게라도 보이면 일단 필요한 보급을 하는 편이 좋다. 자칫하면 수십 킬로의 산길을 보급 없이 달려야 하는 상황이 발생할 수도 있다.

⑥ 틈틈이 자전거를 정비하라

백두대간 종주는 경사가 심한 산길을 오르내리는 라이딩이다. 따라서 자전거 정비 상태가 아주 중요하다. 자전거는 생명이 달린 문제인 만큼 라이딩을 쉬는 동안에는 틈틈이 구동계와 브레이크 등을 정비할 필요가 있다. 특히 일반 도로와 비교해 브레이크를 빈번하게 잡기 때문에 브레이크 패드의 수명이 보편적인 상황에 비해 짧다는 사실을 유념하자.

⑦ 자전거가 다닐 수 있는 길로 종주하라

백두대간 종주라고 해서 능선을 따라 라이딩을 하거나 등산로로 다니는 것은 아니다. 자전거는 자전거가 달릴 수 있는 길로 다녀야 한다. 자전거를 가지고 등산로로 들어가면 본인에게 매우 위험할 뿐만 아니라 타인의 안전에도 피해가 발생할 수도 있으니 길이 없다면 모를까 일부러 들어가는 일은 절대 금해야 한다.

⑧ 종주를 시작하기 전에 업힐 훈련을 충분히 하라

백두대간 종주의 기본은 업힐이다. 간단히 말하면 백두대간 종주는 구간의 절반이 업힐이라고 보면 된다. 자전거를 아무리 잘 타고 장거리 라이딩이 가능하다고 해도 업힐이 안 되면 백두대간 종주 라이딩은 성공할 수가 없다. 따라서 종주하기 전에 길지 않은 동네 언덕이라도 반복적으로 오르는 훈련이 필요하다. 그래도 안 되면 자전거를 끌고 가는 '끌바'도 라이딩이라는 사실을 잊지 말자.

⑨ 가급적 두 명 이상이 함께 다녀라

1,300만 라이더 시대라고는 해도 백두대간을 탈 수 있는 라이더는 흔치 않다. 하지만 (특히) 첫 종주에 도전한다면 가급적 카페나 동호회 등에서 뜻이 같은 동반자를 모아 두 사람 이상이 함께 종주하길 권한다. 내 경우 사정이 여의치 않아 나 홀로 백두대간을 종주하긴 했으나 깊은 산골에서 부상을 입거나 자전거 고장 등 비상상황에 처하면 도와 줄 사람이 있는 것과 없는 것의 차이는 무척 크다. 사람이 모이면 지혜가 된다.

⑩ 가족이나 친구 등 지인들에게 수시로 자신의 위치를 알려라

우리나라에 이제 오지는 없다. 깊고 깊은 백두대간이라고 하더라도 대개 사방 수 킬로 내에 민가든 식당이든 매점이든 하여튼 무언가는 있다. 어디에나 문명이 있는 것이다. 그렇긴 하지만 1,500킬로 안팎의 백두대간을 종주하는 동안 안심할 수 있는 상황만 있는 것은 아니다. 백두대간 자전거 종주는 기본적으로 모험적 성격의 여행이다. 모험의 특징은 언제든 예기치 못한 돌발적 변수에 노출될 확률이 높다는 것이다. 따라서 SNS 등을 통해 수시로 자신의 위치를 가족이나 친구 등 지인들에게 알림으로써 예기치 못한 상황에 처할시 신속하게 구조될 수 있는 여건을 만들어 놓아야 한다.

백두대간 자전거 여행
- 백두대간 1,481km를 자전거로 넘다 -

인쇄·발행 2020년 11월 15일
지은이 정성문
펴낸 곳 글로벌마인드지엠(주)
발행·편집인 신수근
편집디자인 한미나
등록번호 제2014-54호
주　　소 서울 관악구 관악로 105 동산빌딩 403호
전　　화 02-877-5688(대)
팩　　스 02-6008-3744
이메일 samuelkshin@naver.com
ISBN 978-89-88125-50-2 부가기호 03980
정　　가 19,000원